Peters-berg
Delitzsch
Torgau
Bad Liebenwerda
Lauch-hammer
Weißwasser
HALLE
(Saale)
Weiße Elster
Eilenburg
Elster-werda
Lauta
Hoyerswerda
LEIPZIG
Wurzen
Ruhland
Merseburg
BAB 13
Großen-hain
Riesa
Leuna
Mücheln
Bad Dürrenberg
Mulde
Oschatz
Niesky
BAB 14
Zwenkau
Grimma
Bautzen
Görlitz
Weißen-fels
Meißen
Bischofswerda
Radebeul
Naumburg
Döbeln
DRESDEN
Borna
Roßwein
BAB 4
Zeitz
Freital
Heidenau
BASTEI
Pirna
Zittau
BAB 9
Mittweida
Altenburg
SÄCHSISCHE
Penig
Burgstädt
Freiberg
Dippoldis-walde
SCHWEIZ
Schmölln
Limbach-Ob. Frohna
Hermsdorf
Meerane
BAB 4
GERA
CHEMNITZ
Crimmit-schau
Glauchau
Děčín
Tetschen
Weida
BAB 72
Zschopau
ZWICKAU
Olbernhau
Stollberg
Ústí n.L.
Aussig
Greiz
Teplice
Teplitz-Schönau
Schneeberg
Reichenbach
Annaberg-Buchholz
Litoměřice
Leitmeritz
Schleiz
Aue
Auerbach
Most
Brüx
Lovosice
Lobositz
ELBE
LABE
Schwarzen-berg
Bleiloch-Stausee
Eibenstock-talsperre
Plauen
Chomutov
Komotau
Ohre Eger
Hirschberg
Oelsnitz
Weiße Elster
Klingen-thal
v.n. Nechranice
Egerstausee
Louny
Laun
Kadaň
Kaaden
Žatec
Saaz
Ostrov
Schlackenwerth
Hof
Adorf
Ober-kotzau
Slaný
Schlan
Vltava
Moldau

Farbbild-Reise durch SACHSEN
Pictorial Tour of SACHSEN
A la découveste de la SAXE

Christine Gräfin von Brühl

SACHSEN
IM FARBBILD

Seiffen im Erzgebirge, Bergmannsparade

ZIETHEN-PANORAMA VERLAG

Sachsen im Farbbild

Mit diesem Bildband wollen wir Sie zu einer kleinen Rundreise durch Sachsen einladen. Sie beginnt in der Landeshauptstadt Dresden, verläuft durch die Sächsische Schweiz nach Chemnitz, das Erzgebirge und Zwickau nach Leipzig, zeigt Ihnen Teile Mittel- und Nordsachsens und bringt Sie schließlich über die traditionsreichen Gefilde der Oberlausitz zurück in das Elbetal nach Meißen. Zuvor jedoch einiges über die Geschichte des Landes.

Als sich die Hektik nach der Völkerwanderung etwas legte, drangen Slawen ins heutige Sachsen vor. Im Jahr 1120 nannte der tschechische Chronist Cosmas von Prag die Mark Meißen noch kurzerhand „Srbia". Aus der Zeit stammen auch die sächsischen Ortsnamen auf -itz, eng verwandt mit den slawischen Ortsnamen auf -ic, etwa: Görlitz, Oelsnitz, Chemnitz. Richtige Sachsen gab es zu der Zeit zwar auch schon, aber nicht in Sachsen. Herzog Widukinds Stamm („sturmfest und erdverwachsen") saß weiter nordwestlich, vor allem im heutigen Niedersachsen. Ein paar von ihnen wanderten allerdings um 1100 Richtung Osten zusammen mit vielen Mainfranken, Oberpfälzern, Bayern und sogar einigen Niederländern. Damit die Zuwanderer die eingesessenen Slawen besser im Griff halten konnten, ließ der deutsche König Heinrich I. anno 929 auf einem Bergplateau an der Elbe eine Burg bauen und nannte sie Misni. Die heutige Region Meißen wurde der Kern Sachsens, und der Burgherr, Markgraf Heinrich von Eilenburg, der Ahn des Wettiner Geschlechts, das Sachsen dann bis zum Ende des Ersten Weltkrieges beherrschte. Der letzte Wettiner dankte erst 1918 ab, angeblich mit dem Spruch: „Macht euern Dregg alleene."

Doch zunächst gelang dem Volksgemisch unter Wettiner-Herrschaft eine ordentliche Karriere. Das heutige Thüringen gehörte bald dazu und Teile von Sachsen-Anhalt. Von 1485 an freilich ging es machtpolitisch schon wieder bergab. Denn einer der Wettiner hatte zwei Söhne: Ernst und Albrecht. Die beiden zerstritten sich furchtbar, Albrecht nahm sich den Osten mit Dresden

Saxony in colour

This colour guide invites you to join us on a short tour of Saxony. It begins in the state capital, Dresden, then continues via Sächsische Schweiz ("Saxon Switzerland") to Chemnitz, and through the Erz Mountains and Zwickau to Leipzig. En route we pass through parts of Central and Northern Saxony, and, towards the end of the tour, Upper Lusatia, a region steeped in tradition, before we return via the Elbe valley to Meissen. First, however, a few words about the history of Saxony.

When things had quietened down after the hectic period of the völkerwanderung, Slavs moved into the area covered by present-day Saxony. In 1120 the Czech chronicler Cosmas of Prague still called the march of Meissen simply "Srbia". This is the period Saxon place names ending in -itz date back to: Görlitz, Oelsnitz, Chemnitz, for example. The ending is closely related to Slav -ic. There were in fact already real Saxons at that period, but not in Saxony. The stock and family of Duke Widukind ("stormproof and close to nature") were settled further to the northwest, in particular in the area covered by present-day Lower Saxony. But in about the year 1100 some of them migrated eastwards, along with people from Mainfranken, the Oberpfalz, Bavaria and even the Netherlands. To help the newcomers keep the resident Slavs better under control, the German King Henry I had a castle built in 929 on a plateau up above the Elbe and called it Misni. The present Meissen area thus became the heartland of Saxony, and the lord of the castle, Margrave Henry of Eilenburg, was the ancestor of the Wettiner lineage, which ruled Saxony right up to the end of the First World War. The last Wettiner abdicated in 1918, supposedly saying, "Do the bloody job yourselves then".

But the mixture of people brought together under Wettiner rule in the Middle Ages had a fine run ahead of them. Present-day Thuringia and parts of Saxony-Anhalt soon joined them. But from 1485 onwards things started going downhill. For one of the Wettiner had two sons, Ernst and Albrecht. The two fell out, Albrecht

A la découverte de la Saxe

Cet ouvrage invite à un petit voyage photographique en Saxe. Notre périple démarre à Dresden la capitale régionale, passe par Chemnitz, les Monts Métallifères, Zwickau et Leipzig, puis nous fait découvrir des parties de la Saxe-moyenne et du Nord pour nous ramener ensuite par les contrées, riches en traditions, de la Haute-Lusace vers la vallée de l'Elbe à Meissen. Mais tout d'abord, un bref rappel historique.

Lorsque la fébrilité liée aux grandes invasions se fut lentement apaisée, les Slaves envahirent la Saxe actuelle. En l'an 1120, le chroniqueur tchèque Cosmas de Prague, ne désignait plus le district de Meissen que par «Srbia». Les noms des localités saxonnes portant le suffixe «itz», (étroitement apparentés à ceux de localités slaves se terminant en «ic»), telles que Görlitz, Oelsnitz, ou encore Chemnitz, datent de cette époque. En ce temps, on rencontrait certes de vrais Saxons, mais pas en Saxe même. La tribu du Duc Widukind («résistant à la tempête et soudé à la terre») avait ses racines plus au Nord-Ouest, principalement dans l'actuelle Basse-Saxe. Vers 1100, quelques-uns se dirigèrent toutefois vers l'Est, avec les tribus de Franconie, du Haut-Palatinat et de Bavière auxquelles se joignirent même quelques Néerlandais. En 929, afin de permettre aux immigrants de venir à bout des Slaves indigènes, fit ériger Henri 1er, roi de Germanie, sur un plateau surplombant l'Elbe, un château qu'il nomma «Misni». L'actuelle région de Meissen devint le centre de la Saxe et son châtelain en fut le Margrave Heinrich von Eilenburg, ancêtre de la Maison de Wettin qui régna ensuite sur la Saxe jusqu'à la fin de la première guerre mondiale. Le dernier des-cendant de la lignée des Wettin capitula seulement en 1918, en prononçant, dit-on, ces paroles : «Débrouillez-vous tous seuls».

Ce mélange de races parvint toutefois, sous le règne des Wettin, à faire une carrière convenable. L'actuelle Thuringe, de même que des parties de Saxe-Anhalt, en firent bientôt partie. Dès 1485 pourtant, cette puissance politique

als Residenz, Ernst den Westen mit Wittenberg. Seine Nachfahren stritten sich weiter, und der Westen zerfiel in ein rundes Dutzend Zwergstaaten wie Sachsen-Jena oder Sachsen-Merseburg. Die beiden Kinder Albrechts hielten ihr Land besser beisammen, aber politisch und militärisch waren sie nahezu allesamt nicht befähigt. Eine der wenigen Ausnahmen war Moritz von Sachsen (1521 bis 1553), ein skrupelloser Taktiker, der sich mit mehreren anderen Fürsten zusammen erfolgreich gegen Kaiser Karl V. verbündete und dabei sogar mit den Franzosen mauschelte: Um den König in Paris gegen den Habsburger Kaiser zu mobilisieren, überließ Moritz von Sachsens Fürstentruppe ihm die Städte Metz, Verdun und Toul. Die meisten seiner Verwandten aber trugen gemütliche Beinamen wie „der Beständige", „der Sanftmütige" oder „der Reiche",und selbst einen Friedrich den Gebissenen hatten sie. „Aber keiner von ihnen war groß", so der Sachsen-Schriftsteller Dieter Wildt, und „noch nicht einmal ihren Größten nennen sie so": Der hieß August der Starke. Der populärste Sachsen-Herrscher regierte von 1694 bis 1733 und war vor allem in einer Hinsicht Potentat: über 360 leibliche Kinder werden ihm nachgesagt, und auch ansonsten liebte August die netten Seiten des Lebens. Während die preußischen Nachbarn ihr Geld ins Militär steckten, ließ Barockfürst August bauen – etwa die Frauenkirche, das Japanische Palais, den Zwinger. Für einen Schwung Porzellan, das die Sachsen zu dieser Zeit noch nicht selbst herstellten, überließ er den Preußen gar 600 Dragoner. Sein Herz liegt heute in einer Bleikapsel in Dresdens Hofkirche, und die Dresdner hängen besonders an seinem Reiterstandbild. Kein Wunder: bei der Zahl seiner Nachkommen, so spekuliert der Schriftsteller Claus-Peter Müller-Thurau, müsse nach neun Generationen schließlich „rechnerisch jeder Sachse mit dem konsequenten Verehrer des weiblichen Geschlechts blutsverwandt sein."

Im Krieg standen die Wettiner meist auf der falschen Seite, obwohl sie sich opportunistisch in der Regel an die vermeintlich Stärksten hielten.

taking the east with Dresden as his seat, Ernst the west with Wittenberg. His descendants squabbled further, and the western part disintegrated into a dozen or more miniature states such as Saxony-Jena or Saxony-Merseburg. Albrecht's two children kept their part together somewhat better, but none of them really had any political or military skills.

One of the few exceptions was Maurice of Saxony (1521-1553), an unscrupulous tactician who successfully formed an alliance with several other dukes against Emperor Charles V and even schemed with the French: in order to mobilize the King in Paris against the Habsburg Emperor, Maurice of Saxony's forces allowed him to take over the towns of Metz, Verdun and Toul. Most of his relatives, however, were known by more genial names such as "the Constant", "the Gentle" or "the Rich", and they even had a Frederick the Bitten among their number. "But none of them was great," so says the Saxon writer Dieter Wildt, "and they didn't even call their greatest such."

He was called August the Strong. The most popular Saxon ruler held sway from 1694 to 1733 and was in one respect in particular a potentate. It is said that he sired over 360 children, and in other respects too August loved the pleasanter aspects of life. While his Prussian neighbours spent their money on the military, baroque Duke August spent his on buildings – the Frauenkirche, the Japanese Palace, the Zwinger, for example. In exchange for a load of porcelain, which the Saxons had not yet started to produce themselves, he let the Prussians have 600 dragoons. His heart still lies today in a leaden casket in Dresden's Hofkirche, and the inhabitants of Dresden are particularly fond of his equestrian statue. And no wonder: given the number of his descendants, the writer Claus-Peter Müller-Thurau speculates that after nine generations "mathematically every single Saxon must have been a blood relation of this so resolute admirer of the fair sex."

ne tarda pas à décliner; l'un des Wettin avait notamment deux fils: Ernst et Albert. Ceux-ci se querellèrent à tel point qu'Albert s'empara de l'Est, avec Dresden pour résidence, et Ernst de l'Ouest avec Wittenberg. Les descendants de ce dernier poursuivirent la dispute et l'Ouest se divisa en une bonne douzaine d'états nains, tels que Saxe-Iéna ou Saxe-Merseburg. Les deux héritiers d'Albert tenaient leur duché bien en mains; mais ils étaient tous, en fait, quasiment incapables au plan politique et militaire.
L'une des rares exceptions est Maurice de Saxe (1521-53), tacticien sans scrupule, qui se ligua, avec d'autres princes, contre l'Empereur Charles Quint, après s'être habilement assuré du soutien de la France: afin de mobliliser le Roi à Paris contre l'Empereur de la Maison des Habsbourg, les troupes princières de Maurice de Saxe lui cédèrent les évêchés de Metz, Verdun et Toul. La plupart de sa parenté portait toutefois des surnoms bien agréables, comme «le sage», «le placide», ou «le fortuné». Il existait même un «Frédéric le Mordu» dans leurs rangs.

Mais, selon l'écrivain saxon Dieter Wildt, «Aucun d'entr'eux n'était grand et ils n'attribuèrent même pas ce qualificatif au plus grand de tous». Il se nommait Auguste le Fort. Le plus populaire des princes saxons régna de 1694 à 1733 et fut, en un sens, un réel potentat: on lui attribue notamment plus de 360 enfants propres. Auguste ne dédaignait pas non plus les autres plaisirs de la vie. Alors que ses voisins investissaient dans le Militaire, le Prince baroque, Auguste, faisait construire. Ainsi lui doit-on la Frauenkirche, le Palais japonais, le Palais du Zwinger. Pour un assortiment de porcelaine que les Saxons ne fabriquaient pas encore eux-mêmes en ce temps, il alla jusqu'à céder 600 dragons aux Prussiens. Son cœur repose maintenant dans une capsule de plomb dans la Hofkirche (Cathédrale) de Dresden où se trouve sa statue équestre dont les habitants sont particulièrement attachés. Pas étonnant! «Vu le nombre de ses progénitures», spécule l'écrivain Claus-Peter Müller-Thurau, «chaque Saxon

Im Siebenjährigen Krieg etwa schlossen sie sich freudig einer großen Koalition gegen den alten Feind Preußen an. Das ging daneben: Friedrich der Große siegte gegen die Übermacht. Schlau geworden hängten sie sich später gegen Napoleon an den soliden preußischen Waffenrock. Doch als der Korse siegte und siegte, schwenkten die Sachsen um und schlossen sich dem Franzosenkaiser an. Die Sache ging bekanntlich ebenfalls schief; mitten in Sachsen, bei der Leipziger Völkerschlacht, wurde Napoleon geschlagen. Seine sächsischen Verbündeten verloren beim Wiener Kongreß 1815 ihre ganzen nördlichen Provinzen an Preußen.

Im großen Welttheater immer wieder aufs Haupt geschlagen, konzentrierten sich die Sachsen also auf das, was bis heute ihre Spezialität ist: Sie wurschteln sich fleißig durch und machen das beste draus. „Meine Formel für Größe am Menschen ist amor fati", schrieb Friedrich Nietzsche: Man müsse „das Notwendige nicht bloß ertragen ... sondern es lieben". Der Philosoph war natürlich ein Sachse. Seine Landsleute entwickelten ein Erfolgsprogramm für schwere Zeiten und nannten es „Fischelanz", sächsisch für das französische „vigilant", was soviel heißt wie wachsam, flink, clever. Mit Fischelanz macht man Heiratspolitik statt Krieg – das belgische und das englische Königshaus haben sächsische Wurzeln, das bulgarische kam auch daher. Mit Fischelanz verdient man aber vor allem viel Geld.
Am Anfang war es schieres Glück; Bergleute scheffelten rund um Freiberg Silber zuhauf, von dem Zehnten lebten die Wettiner prächtig. Als das Erz abgebaut war, standen die Arbeiter da: viel zu viele Menschen auf zu engem Raum, von der Landwirtschaft konnten sie so nicht leben. Also wurden sie Erfinder und Handwerker. Sachsen bauten die erste gute deutsche Lokomotive („Saxonia"), dazu die erste richtige Strecke (Leipzig-Dresden) mitsamt der ersten Eisenbahnbrücke, dem ersten Eisenbahntunnel und dem ersten deutschen Dampfschiff. Sachsen erfanden fischelant künstliches Gummi, August Horch baute dort seine ersten Autos. Sachsen konstruierten die ersten mechanischen Tuchwebstühle.

At war the Wettiner were usually on the wrong side, despite their opportunistic habit of backing the supposedly stronger party. In the Seven Years War, for example, they joyfully entered an alliance against their old enemy Prussia. But that was a mistake: Frederick the Great was victorious, against the odds. Having learned their lesson, later they sidled up to the Prussians and stood by them against Napoleon. But when the Corsican general started notching up one victory after another, they changed sides and allied with the French.
As we know, that was a mistake too: Napoleon was beaten at the Battle of Leipzig, right in the middle of Saxony. His Saxon allies lost all their northern provinces to Prussia at the Congress of Vienna.

Having tripped up so often on the great world stage, the Saxons decided to concentrate on what has remained their speciality until today: they muddled through, making the best of things. "My formula for greatness in man is amor fati," wrote Friedrich Nietzsche: people should "not just bear necessity ... but love it." The philosopher was, of course, a Saxon.
His compatriots developed a template for success in troubled times, calling it "Fischelanz", a Saxon version of French "vigilant", meaning something like watchful, smart, agile, clever. With "Fischelanz" as your watchword you enter marriage alliances, rather than wars – the Belgian, British and even the Bulgarian royal families have Saxon roots. Above all "Fischelanz" helps you make a lot of money.

It was a stroke of luck that started it; miners dug up masses of silver all around Freiberg, and the Wettiner lived mightily well on the tithes. When the ore was exhausted, the workers were left empty-handed: there were far too many to earn their livelihood from agriculture. So they became inventors and craftsmen. Saxony built the first good German railway engine ("Saxonia") and the first real railway (Leipzig – Dresden), along with the first railway bridge, the first railway tunnel and the first German steamship. "Fischelant" Saxons invented artificial rubber, August Horch built his

devrait, au bout de neuf générations, être un descendant consanguin de ce fervent soupirant de la gente féminine».

En période de guerre, les Wettin se trouvaient la plupart du temps du mauvais côté, bien que, opportunistes, ils s'accrochent en règle générale aux présumés vainqueurs. Ainsi, pendant la Guerre de Sept ans, ils se rallièrent avec enthousiasme à la grande coalition contre l'ancien ennemi, la Prusse. Mauvais calcul: Frédéric le Grand l'emporta sur les troupes pourtant supérieures en nombre. Devenus plus prudents, ils s'allièrent plus tard à la plus sûre tunique prussienne contre Napoléon. Toutefois, lorsqu'ils virent le Corse remporter victoire sur victoire, les Saxons changèrent à nouveau d'avis et rejoinrent l'Empereur des Français. Cette nouvelle alliance fut tout aussi malheureuse : Napoléon subit une cuisante défaite en pleine Saxe au cours de la Bataille des Nations de Leipzig. Par le Congrès de Vienne en 1815, ses alliés saxons perdirent toutes leurs provinces du Nord en faveur de la Prusse.

Vaincus sur la grande scène internationale, les Saxons concentrèrent dès lors leurs forces sur ce qui reste d'ailleurs leur spécialité, à savoir: se débrouiller laborieusement et en tirer le meilleur parti: «Ma formule de la grandeur de l'homme est amor fati», écrivait Friedrich Nietzsche. Il ne suffit «pas seulement de supporter le nécessaire... mais de l'aimer». Le philosophe était évidemment Saxon de naissance. Ses compatriotes élaborèrent un concept de réussite pour les temps durs dont la teneur était la «Fischelanz», prononciation saxonne de la «vigilance» française, consistant en clair à rester attentif, alerte et malin en toutes circonstances. Avec «Fischelanz», on poursuit certes une politique d'union plutôt que de guerre; ainsi les Maisons royales belge et anglaise ont-elles des racines saxonnes, tout comme la Maison bulgare, mais avec «Fischelanz», on gagne surtout beaucoup d'argent.

Au début, ce fut pur hasard; les mineurs amassant un tas d'argent aux alentours de Freiberg,

Am Ende des 19. Jahrhunderts kamen zwischen 80 und 90 Prozent aller maschinengewirkten Strümpfe weltweit aus Sachsen. Sachsen schraubten die weltbesten Uhren zusammen und die erste industriell hergestellte Rechenmaschine der Welt. Porzellan, die Mundharmonika, die Ansichtspostkarte und das Skatspiel – alles aus Sachsen, ebenso wie die erste illustrierte Zeitung (1843 in Leipzig). Bis zum zweiten Weltkrieg war das Revier im Osten produktiver als das Ruhrgebiet.

Weil man für die Industrie gute Arbeiter brauchte, war den Sachsen Bildung heilig, und ganz nebenbei sprangen solche Geistesgrößen dabei heraus wie Johann Gottlieb Fichte, Gottfried Wilhelm Leibniz oder Gotthold Ephraim Lessing, Johann Sebastian Bach dazu und Martin Luther zuvor, er ein besonders typischer Sachse, deftig und Protz hassend. Sachsen seien aber auch die „größten Spinner der Deutschen", schrieb der Kenner Dieter Wildt. Wer gut träumt und Geld hat, kommt über den Mangel an Ruhm besser hinweg: Typische Sachsen waren also die Fabulierer Hedwig Courths-Mahler, Karl May und Richard Wagner, der Heroen-Komponist. Wo es Arbeiter und Intellektuelle zuhauf gibt, mußten sie sich früher oder später zusammentun. In Leipzig gründete Ferdinand Lassalle den allgemeinen deutschen Arbeiterverein, im damals sächsischen Eisenach entstand die Sozialdemokratische Arbeiterpartei, Vorläufer der SPD. In Sachsen erschien zum erstenmal das SPD-Parteiorgan „Vorwärts". Der erste SED-Chef im DDR-Regime Walter Ulbricht war ein Sachse und mit ihm viele hochrangige Funktionäre. Das Parteichinesisch werde zunehmend zum Parteisächsisch, spottete der Publizist Rudolf Walter Leonhardt weit vor der Wende. Ob auf Ibiza oder am Prenzlauer Berg, ob auf Hiddensee oder hinter dem Mikrofon, stets sind die Menschen aus Zittau und Riesa, Plauen und Chemnitz nicht nur als Deutsche auszumachen. So schwer es sein mag, einen Holsteiner von einem Pommern zu unterscheiden, einen Brandenburger vom Berliner – der Sachse kann nie verleugnen, aus welchem Teil Deutschlands er stammt.

first motorcars here. Saxons constructed the first mechanical looms; at the end of the 19th century between 80 and 90% of all machine-produced stockings in the world came from Saxony.
Saxons screwed together the best clocks in the world and the first industrially produced calculator. Porcelain, the mouth organ, the postcard and the card game Skat – all from Saxony, and the first illustrated newspaper too (1843 in Leipzig). Up till the end of the Second World War, the mining area in East Germany was more productive than the Ruhr.

As skilled workers were essential for industry, education was sacred in Saxony, and in the process such great minds as Johann Gottlieb Fichte, Gottfried Wilhelm Leibniz and Gotthold Ephraim Lessing emerged, along with Johann Sebastian Bach and Martin Luther before him, this latter an especially typical Saxon, robust, down-to-earth and averse to all showing-off. Saxons were also the "greatest German crackpots", wrote the Saxony expert Dieter Wildt. Dreamers with plenty of money can put up with not being so famous: typical Saxons were the story-tellers Hedwig Courths-Mahler and Karl May – Richard Wagner, the composer of the heroes, he too was a Saxon. And where there are plenty of workers and intellectuals too, sometime sooner or later they must come together. It was in Leipzig that Ferdinand Lassalle founded the German Workers' Association, and in Eisenach (Saxon at the time) the Social-Democratic Workers' Party came into being, forerunner of the SPD. The first edition of the SPD party organ "Vorwärts" was published in Saxony. The first SED-boss of the GDR regime, Walter Ulbricht, was a Saxon, and many of his high-ranking officials too. Party jargon was increasingly becoming party Saxon dialect, the journalist Rudolf Walter Leonhardt scoffed, years before reunification. Whether on Ibiza or in Berlin, in the street or in front of a microphone, the inhabitants of Zittau and Riesa, Plauen and Chemnitz are not just recognized as Germans by their compatriots. Difficult though it may be for people to distinguish someone from Pommera-

les Wettin vivaient luxueusement de la dîme. Lorsque les gisements furent épuisés, qu'allaient devenir les mineurs? Bien trop de monde pour un espace vital si restreint, et ils ne pouvaient pas vivre de la seule agriculture. Aussi, devinrent-ils inventeurs et artisans.

Ce sont des Saxons qui construisirent la première locomotive («Saxonia») -aménageant la première ligne de chemin de fer (Leipzig – Dresden) avec les premiers ponts et tunnels ferroviaires- ainsi que le premier bateau à vapeur allemand; des Saxons encore qui, vigilants, inventèrent le caoutchouc synthétique; August Horch y produisit sa première voiture; des Saxons construisirent les premiers métiers mécaniques à tisser la toile. A la fin du 19ème siècle, dans le monde entier, 80 à 90 % des bas tissés à la machine, provenaient de Saxe; des Saxons assemblèrent les meilleures montres du monde et les premières machines à calculer fabriquées industriellement. D'origine saxonne également: la porcelaine, l'harmonica, la carte postale et le «Skat» (jeu de cartes), tout comme le premier journal illustré (1843 à Leipzig). Jusqu'à la deuxième guerre mondiale, ce district de l'Est était de loin plus productif que la région industrielle de la Ruhr.

Les ouvriers spécialisés étaient fort appréciés dans l'industrie: la Saxe attachait une extrême importance à l'éducation. Il en résulta des grands esprits, tels que Johann Gottlieb Fichte, Gottfried Wilhelm Leibniz ou Gotthold Ephraim Lessing, Johann Sebastian Bach, sans oublier Martin Luther, typiquement Saxon, rustre et haïssant les attitudes ostentatoires. Dieter Wildt, grand connaisseur, écrit par contre que les Saxons seraient «les plus fous des Allemands». Qui sait rêver et dispose de moyens, supporte mieux le manque de célébrité: les illustres conteurs d'histoires, Hedwig Courths-Mahler et Karl May, en sont des exemples typiques, Richard Wagner, compositeur d'épopées, en est un autre. Là où ouvriers et intellectuels abondent, ils ne peuvent que se rencontrer et s'unir tôt ou tard. Ferdinand Lassalle fonda l'Assoca-

Dresden und Leipzig waren zur Zeit der DDR in Sachsen Vorzeigestädte der SED. In Dresden ließ Erich Honecker die Semper-Oper wiederaufbauen, Dresdner Künstler wie Trompeter Ludwig Güttler und Sänger Theo Adam spielten auf ihren Westreisen fleißig Devisen ein. Doch für den Ausbau Ost-Berlins zur 750-Jahrfeier 1987 wurden auch aus Sachsen Bauarbeiter samt Baumaterial abgezogen. Und so waren die Sachsen auf die Hauptstädter in Berlin sauer. Bis heute schwelt der sächsisch-preußische Konflikt in Witzform weiter. Die Sachsen wurden in der DDR-Zeit von den Mecklenburgern und Brandenburgern als Besatzungsmacht empfunden, doch waren es die Sachsen, die dem System dann aber den Garaus machten.

Dresden und Leipzig waren eben nicht nur rote Hochburgen, in beiden Städten fanden sich auch frühzeitig Oppositionelle und Ausreisewillige zusammen, sächsische Christen machten sich bereits Anfang der achtziger Jahre für einen sozialen Friedensdienst stark. Renitente Sachsen spotteten, durch ihren Dialekt unangreifbar für die Staatsmacht: „Der Sozialismus siecht." Und sie waren es, die im Herbst 1989 ihrem Ärger über die senile Parteiführung nicht nur mit politischen Witzen Luft machten. Im vogtländischen Plauen, scheinbar tiefste Provinz, begann die Mobilmachung gegen den Sozialismus schon im September. In Leipzig demonstrierten Zehntausende die Stasi in die Knie. Zwei Tage nach dem 40. Jahrestag der DDR, am 9. Oktober 1989, läutete die große Montagsdemonstration den Untergang des Honecker-Staates ein. Ohne diesen 9. Oktober hätten die Berliner ihren 9. November, die Maueröffnung, nie erlebt.

nia from someone from Holstein, a Brandenburger from a Berliner – the Saxon can never conceal what part of Germany he or she comes from. The dialect is so distinctive.

Dresden and Leipzig in Saxony were showcase cities in GDR days. Erich Honecker had the Semper Opera House reconstructed in Dresden, artists from Dresden, such as the trumpeter Ludwig Güttler or the singer Theo Adam, assiduously brought in the foreign currency on their tours of the west. And for the 750-year celebrations in East Berlin in 1987, builders were commandeered from Saxony, and building material too. So the Saxons got mad at the capital-ists in Berlin. The Saxon-Prussian conflict still smoulders on in jokes today. The Saxons were seen as an occupying power in GDR days by the inhabitants of Mecklenburg and Brandenburg, but it was the Saxons who finished the regime off.

Dresden and Leipzig were not just communist strongholds, both cities were places where dissidents and people who wanted to leave the country formed groups from early on; and it was Saxon Christians who in the early 1980s initiated support for a social service as an alternative to military service. Refractory Saxons, safe from state retribution behind the shield of their dialect, poked fun at the regime in puns. And it was Saxons who in the autumn of 1989 vented their anger at the senile party leadership not just with jokes. It was in Plauen, deep in provincial Vogtland, that the social forces against communism started to mobilize. Tens of thousands of demonstrators forced the Stasi secret police to their knees in Leipzig. Two days after the 40th anniversary of the GDR, on 9th October 1989, the big Monday demonstration sounded the death knell of Honecker's regime. Had it not been for this 9th October, the Berliners would never have celebrated their 9th October, the day the wall came down.

tion Générale des Travailleurs Allemands à Leipzig, le Parti Social-Démocrate des Ouvriers, précurseur du SPD (Parti Social- Démocrate d'Allemagne) naquit à Eisenach, alors ville saxonne. La première édition de l'organe du Parti SPD «Vorwärts» (En Avant) parut en Saxe. Le Premier Président-SED (Parti Socialiste Unifié) du Régime de la République Démocratique Allemande, Walter Ulbricht, était Saxon et, avec lui, maints autres hauts fonctionnaires. Le publiciste Rudolf Walter Leonhardt raillait, bien avant le «tournant» de la réunification: «le charabia chinois des partis est de plus en plus souvent remplacé par le charabia saxon». Que ce soit à Ibiza ou au Prenzlauer Berg (quartier de Berlin), sur l'Ile d'Hiddensee ou derrière un microphone, celui qui vient de Zittau, de Riesa, de Plauen ou de Chemnitz est immédiatement identifié – et pas seulement comme Allemand! Autant il est difficile de différencier les habitants du Schleswig-Holstein de ceux de Poméranie, les Brandebourgeois des Berlinois, le Saxon, lui, ne pourra jamais nier ses origines.

Pour la Saxe, Dresden et Leipzig étaient les villes-pilotes du SED. Ainsi, Erich Honecker fit-il reconstruire l'Opéra Semper à Dresden; les tournées à l'Ouest d'artistes de Dresden, tels que le trompétiste Ludwig Güttler et le chanteur Theo Adam, rapportèrent un flot de devises. Toutefois, lorsqu'il fut question du réaménagement de Berlin-Est à l'occasion de la célébration de son 750ème anniversaire, on se passa des services des ouvriers en bâtiment saxons -y compris leur matériel. Pas étonnant que les Saxons gardent un réel ressentiment à l'encontre des habitants de la capitale Berlin. Dés ce jour, le conflit saxo-prussien rejaillit parfois sous forme de plaisanteries grivoises. Du temps de la R.D.A., les habitants du Mecklenbourg et du Brandebourg ressentaient la présence des Saxons comme une force d'occupation. Ce furent pourtant les Saxons qui donnèrent le coup de grâce au système, lorsque le 9 novembre 1989 la réunification allemande se fut.

Immer wieder haben Reisende aus der ganzen Welt die Schönheit Dresdens gepriesen: Elbflorenz, Florenz des Nordens, Perle des Barock sind nur einige der Namen, die sie für die Stadt fanden. Die großflächig angelegte Zerstörung der Stadt im II. Weltkrieg hat der Verehrung, die sie in Kunst und Literatur nachhaltig erfährt, keinen Abbruch getan. Jetzt ist es die Wiedererstandene, die neu Erstarkte, die Unzerstörbare. Mit viel Liebe und geradezu Besessenheit fürs Detail wird am Schloß gearbeitet, längst stehen hier keine Ruinen mehr.

Time and again visitors from all over the world have sung the praises of Dresden and its beauty: Florence on the Elbe, Florence of the north, Pearl of the Baroque are just a few of the names the city has been given. The extensive destruction of the city in the Second World War has not diminished the veneration it receives in art and literature. The Resurrected, the Strengthened, the Indestructible are the names it generates now. Work on the castle continues with great devotion and an almost obsessive attention to detail, the ruins have long since disappeared.

De tous temps, les voyageurs du monde entier ont prisé la beauté de Dresden qu'ils dotèrent de maints surnoms, entre autres «La Florence de l'Elbe, la Florence du Nord, la Perle du Baroque». La destruction quasi intégrale de la ville au cours de la seconde guerre mondiale n'a pu porter atteinte à la vénération persistante dont elle est l'objet dans les domaines de l'art et de la littérature. «La ressucitée, la vigoureuse, l'indestructible» sont ses nouveaux attributs. Le château est restauré avec beaucoup d'amour, il y a longtemps que les ruines ont disparu.

Leicht und filigran wirkt der Zwinger, 1710-28 von Matthäus Daniel Pöppelmann mit der Unterstützung von Bildhauer Balthasar Permoser gebaut, war er doch ursprünglich „nur" Orangerie und Kulisse für höfische Festspiele. Damals standen lediglich Kronentor, Glockenspiel- und Wallpavillon nebst der sie verbindenden Flügel. Der Renaissancebau von Gottfried Semper kam erst Mitte des 19. Jh. hinzu und schloß die Anlage zur Elbseite hin ab. Heute sind in dem herrlichen Barockbauwerk Museen untergebracht, z. B. das Porzellanmuseum.

The Zwinger, built by Matthäus Daniel Pöppelmann with the support of the sculptor Balthasar Permoser between 1710 and 1728, is light and delicate. Originally it was to be "only" an orangery and backdrop for court festivities. The gate, glockenspiel and pavillion with the connecting wings were all that stood then. The Renaissance building by Gottfried Semper on the Elbe side was not added till the middle of the 19th century. Today the magnificent baroque building houses museums, the Porcelain Museum and the Mathematisch-Physikalische Salon, to name but two.

Le Zwinger, construit de 1710 à 1728 par Matthäus Daniel Pöppelmann avec la collaboration du sculpteur Balthasar Permoser, semble léger et filigrane; l'idée initiale n'était-elle pas d'installer une «simple» orangerie servant de coulisse aux festivités de la cour. A l'époque seuls s'élevaient la Porte de la Couronne, le Pavillon du Carillon et le Pavillon du Rempart, reliés en outre par des ailes. Le bâtiment de style renaissance, de Gottfried Semper, n'y fut adjoint qu'à la moitié du 19ème siècle.

Die Sempergalerie enthält die Alten Meister und die Rüstkammer. Doch im Hof werden nach wie vor Theaterstücke aufgeführt und Konzerte gegeben. Brunnen und Blumenrabatten werden unverhofft zur Kulisse für unvergeßliche kulturelle Ereignisse. Ähnlich wie Zwinger und Schloß wurde auch die Katholische Hofkirche wiederaufgebaut. 1738-54 von Gaetano Chiaveri erbaut, fügt sie sich unverkennbar in das Barockensemble im Zentrum der Stadt ein. Die Schinkelwache fällt aus der Rolle. Sie ist an dieser Stelle der einzige klassizistische Bau und dient unter anderem als Theaterkasse.

The Semper Gallery houses the old masters and the armoury. But in the courtyard theatre performances are still given, and concerts too. Fountains and flower borders are the unexpected backdrop for immemorable cultural events. Like the Zwinger and the castle, the Cathedral was rebuilt. Originally designed by Gaetano Chiaveri between 1738 and 1754, it is an unmistakable part of the baroque ensemble in the city centre. The Schinkelwache, the only classical building, looks almost out of place; it serves among other things as a theatre box office.

La Galerie Semper abrite les Anciens Maîtres et l'arsenal. La tradition des représentations théâtrales et des concerts dans la cour intérieure est maintenue. Comme le Zwinger et le Château, la Cathédrale fut aussi reconstruite. Erigée de 1738 à 1754 par Gaetano Chiaveri, elle s'intègre bien à l'ensemble baroque du centre-ville. Le bâtiment de la Garde est la seule construction de style classique.

Zweimal war die Staatsoper, 1838-41 von Gottfried Semper errichtet, zerstört und ist immer wieder aufgebaut worden. Nach dem Brand im 19. Jh. lieferte Semper, der inzwischen nach Wien emigriert war, einen zweiten Entwurf. Der Neubau entstand im Stil italienischer Hochrenaissance. Stolz wirft sich die bronzene Panterquadriga über dem Hauptportal allen Widrigkeiten entgegen. Zahlreiche berühmte Werke erlebten hier ihre Uraufführung, „Rienzi", „Der fliegende Holländer" und „Tannhäuser" von Richard Wagner, bei denen der Meister selbst Regie führte.

The State Opera House, built by Gottfried Semper in 1838-41, was twice destroyed and rebuilt. After a fire in the 19th century, Semper, who had emigrated to Vienna in the meantime, supplied a second design. The new building was in the style of the Italian High Renaissance. The bronze quadriga above the main entrance hurls itself proudly against all adversities. Countless famous works were performed here for the first time, Richard Wagner's Rienzi, The Flying Dutchman and Tannhäuser, with the composer himself directing, and the Rosenkavalier by Richard Strauss.

Érigé en 1838-41 par Gottfried Semper, l'Opéra national fut détruit et restauré à deux reprises. Après l'incendie dévastateur du 19ème siècle, Semper, émigré entretemps à Vienne, en fournit un second plan. Le nouvel édifice emprunte ses formes à la Renaissance italienne. Le quadrige des panthères en bronze domine fièrement le portail principal. De nombreuses œuvres célèbres y connurent ici une «première», ainsi «Rienzi», «Le Vaisseau fantôme», «Tannhäuser» de Richard Wagner, pour lesquelles le Maître luimême assurait la mise en scène.

Eines der schönsten der sächsischen Schlösser- und Gartenanlagen ist Pillnitz. Im 18. Jh. von Matthäus Daniel Pöppelmann projektiert, wurden die beiden Flügelbauten, das Bergpalais und das Wasserpalais mit geschwungenen Dächern, zahlreichen Schornsteinen und gezeichneten Chinoiserien versehen, was dem Bau orientalischen Zauber verleiht. – Die 760 Jahre alte Stadt Pirna wird dank ihrer Lage auch „Tor zur Sächsischen Schweiz" genannt. Über der Stadt thront Schloß Sonnenstein, das Napoleon 1813 versuchte zur Festung auszubauen.

One of the finest of Saxony's castles and gardens is Pillnitz. Planned by Matthäus Daniel Pöppelmann in the 18th century, the Mountain Palace and the Water Palace were given curving roofs, numerous chimneys and chinoiseries, creating an air of eastern magic. – A walk through the 760-year-old city of Pirna, situated picturesquely on the Elbe like Dresden, will inevitably lead you to the market square with the town hall in its centre. Sonnenstein Castle towers above the town; in 1813 Napoleon tried to turn it into a fortress.

L'un des châteaux et des parcs les plus attrayants de Saxe est Pillnitz. Planifié au 18ème siècle par Matthäus Daniel Pöppelmann, les deux ailes de l'édifice, le Bergpalais (Palais d'en Haut) et le Wasserpalais (Palais au bord de l'eau), furent dotées de toits à la chinoise, de nombreuses cheminées et de chinoiseries dessinées. – En flânant dans la vieille ville de Pirna, érigée il y a 760 ans, on aboutit inévitablement sur la place du marché avec son hôtel de ville. Le château Sonnenstein que Napoléon tenta de fortifier en 1813, surplombe la ville.

Vielbesungen und oft gerühmt wurde die Sächsische Schweiz mit ihren abenteuerlich zerklüfteten Felsformationen und hohen Tafelbergen, wie Lilienstein und Königstein. Wer wird angesichts der herrlichen Wälder, Höhlen und heimlichen Pfade nicht ins Träumen kommen? Wer wird sich nicht wünschen, wieder ein Kind zu sein und im fabelhaften Indianerspiel mit Kriegsbemalung und einer ganzen Horde wilder Stammesbrüder den Kampf gegen den weißen Mann aufzunehmen? In majestätischen Schleifen windet sich die Elbe durch das Elbsandsteingebirge gen Dresden.

Its praises have oft been sung, the Sächsische Schweiz ("Saxon Switzerland"), with its breathtaking jagged rock formations and its high table mountains, such as Lilienstein or Königstein. The magnificent forests, caves and secret pathways are an irresistible invitation to daydream. Is there a visitor who will not discover a secret wish to be a child again, to put on war paint and join a fabulous horde of wild Red Indians in a fearsome battle against the white man? The Elbe winds its majestic way to Dresden through the sandstone mountains.

Souvent chantée et glorifiée, la Suisse saxonne est constituée de curieuses formations rocheuses crevassees et de hautes montagnes comme Lilienstein et Königstein. Qui, devant ces magnifiques forêts, cavernes et sentiers perdus, ne se prendrait-il pas à rêver? Qui ne souhaiterait pas alors retomber en enfance et jouer aux peaux rouges pour reprendre le combat contre les visages pâles? En larges méandres majestueux, l'Elbe se fraie un passage à travers le «Elbsandsteingebirge» en direction de Dresden.

Hoch über dem Städtchen Rathen ragt der Basteifelsen empor. Er gehört zum ältesten Reservat der Sächsischen Schweiz. Hier befindet sich die steinerne Brücke von 1851, über die der Weg in schwindelnder Höhe zum 305 Meter hohen Aussichtsplateau führt. Zu Beginn des Jahrhunderts wurde in unmittelbarer Nachbarschaft die mittelalterliche Felsenburg Neurathen wiederentdeckt. Über Rathen erreicht man auch die allgemein bekannte Felsenbühne, ein Naturtheater, in dem unter freiem Himmel lustige Operetten und spannende Indianer- und Märchenstücke aufgeführt werden.

The Basteifelsen (Bastion Rock) towers up, high above the little town of Rathen. It is part of the oldest nature reserve in the Sächsische Schweiz. The stone bridge of 1851 leads across at a dizzy height to the 305m high viewing plateau. At the beginning of the century, the medieval rock castle of Neurathen was rediscovered close by. The well-known open-air theatre in the rocks can be reached via Rathen. It is the setting for open-air performances of amusing operettas and exciting Red Indian plays and fairytales.

Le rocher du belvédère est perché au-dessus de la petite ville de Rathen. Il appartient à la plus ancienne réserve de la Suisse saxonne. Par le pont en pierre de 1851, un sentier conduit, à hauteur vertigineuse, à un plateau de 305 m. de hauteur. Le château moyenâgeux de Neurathen fut redécouvert au début du siècle dans les environs immédiats. A partir de Rathen, on atteint aussi un théâtre, taillé à même le rocher, où sont interprétés, en plein air, des opérettes comiques, des jeux d'indiens excitants et des féeries.

Ähnlich vielbesucht wie der Basteifelsen ist die Festung Königstein. Sie befindet sich 240 Meter hoch über der Elbe auf einem Tafelfelsen und war im 17. und 18. Jh. die stärkste Befestigungsanlage Deutschlands. Ein 152,47 Meter tiefer Brunnen, der erst 1563-69 gebaut wurde, garantierte eine hinreichende Wasserversorgung auf der Burg. Seit 1591 befand sich hier das sächsische Staatsgefängnis mit so prominenten Häftlingen wie dem Porzellanmacher Friedrich Böttger, Revolutionär Michail Bakunin, dem Dichter Frank Wedekind und SPD-Gründer August Bebel.

The fortress of Königstein is as popular a destination as the Basteifelsen. It is situated 240 metres above the Elbe on a plateau; in the 17th and 18th centuries it was the most strongly fortified installation in Germany. A 152m deep well, not dug till 1563-69, guaranteed an adequate supply of water in the castle. From 1591 on the Saxon state prison was located here. It housed such prominent prisoners as the porcelain-maker Friedrich Böttger, the revolutionary Michail Bakunin, the poet Frank Wedekind and the founder of the SPD, August Bebel.

Outre le rocher du belvédère, la forteresse du Königstein attire tout autant les touristes. Elle surplombe l'Elbe à 240 m. Elle était déjà la forteresse la plus puissante d'Allemagne aux 17ème et 18ème siècle. Un puits de 152,47 m. de profondeur, construit de 1563 à 1569, garantissait l'alimentation en eau. Depuis 1591, s'y trouvait la prison nationale de la Saxe, où séjournèrent comme détenus F. Böttger, inventeur de la porcelaine, le poète F. Wedekind, le révolutionnaire Bakunin et A. Bebel, fondateur du Parti Socialiste.

Der historische Stadtkern von Freiberg birgt eine weithin geschlossene Bebauung aus dem 16. Jh., undenkbar ohne den berühmten Freiberger Dom mit seiner Tulpenkanzel und der Silbermann-orgel. Freiberg war jedoch vor allem Silberstadt. Die Bewohner der „Stadt am freien Berge" liefer-ten bis ins vorige Jahrhundert durchschnittlich 110 Zentner reinsten Silbers pro Jahr. 800 Jahre Bergbau brachten der Stadt nicht nur Wohl-stand, sondern sie förderten auch ganz wesent-lich die Wissenschaft. 1765 wurde hier die heute noch existierende Bergakademie gegründet.

The historic town centre of Freiberg with its 16th century buildings is self-contained; it includes the famous cathedral with its tulip-shaped pulpit and Silbermann organ. But Freiberg was above all a city of the silver trade. The town produced on average 110 metric hundredweights per year of the finest silver, right up to the middle of the last century. 800 years of mining not only brought the town prosperity, but also made a significant con-tribution to science. In 1765 the mining academy that still exists today was founded, at the time the first mining university in the world.

Le noyau historique de Freiberg est une ag-glomération fermée du 16ème siècle, impensable sans sa célèbre cathédrale avec sa chaire en forme de tulipe et son orgue de Silbermann. Freiberg était avant tout ville minière (argent). Jusqu'au siècle précédent, les habitants de la «ville près de la montagne libre», livrèrent en moyenne 110 demi-quintaux d'argent pur. 800 ans d'extraction minière apportèrent une grande aisance à la ville et permirent la promotion de la science. En 1765, y fut fondée la première Académie minière qui existe encore de nos jours.

Das Chemnitzer Rathaus besteht aus zwei Teilen: Das Alte Rathaus wurde Ende des 15. Jh. erbaut und mehrfach umgestaltet. Erhalten geblieben ist das Renaissanceportal am Fuße des Rathausturms und der Hohe Turm (12. Jh.). Einst wohnte hier der Stadtvogt, heute birgt er die Wirkungsstätte des Chemnitzer Türmers. Das Neue Rathaus, Anfang des 20. Jh. von Stadtbaurat Richard Möbius errichtet, fügt sich harmonisch an das Alte Rathaus. 1978 wurde es mit einem Carillon (Glockenspiel) ausgestattet, und seine Front schmücken ein fünf Meter hoher Roland sowie das Stadtwappen.

The town hall in Chemnitz consists of two parts: the Old Rathaus was built at the end of the 15th century and altered several times. The Renaissance entrance at the foot of the tower and the High Tower (12th century) have been preserved. The governor once resided here, today it's where the warder works. The New Rathaus, built by municipal building officer Richard Möbius at the beginning of the 20th century, harmonizes well. In 1978 a glockenspiel was added, and the facade is decorated with a 5m high statue of Roland and the city coat of arms.

L'hôtel de ville de Chemnitz se compose de deux parties. L'ancien hôtel de ville fut édifié à la fin du 15ème siècle, puis restructuré à plusieurs reprises. Seuls subsistent le portail Renaissance au pied de la tour de l'hôtel de ville et la haute tour (12ème siècle). Autrefois, le bailli municipal l'habitait; aujourd'hui, c'est le veilleur de Chemnitz. La nouvelle mairie, érigée au début du 20ème siècle, par le conseiller municipal Richard Möbius, harmonise bien avec l'ancien hôtel de ville. En 1978, elle fut équipée d'un carillon et sa façade ornée d'un roland haut de 5 m. et des armoiries de la ville.

Auf dem 516 Meter hohen Schellenberg, sechzehn Kilometer östlich von Chemnitz, ließ Kurfürst August I. in den Jahren 1568-72 Schloß Augustusburg errichten. – Die Zschopau entspringt am Nordhang des Fichtelgebirges und mündet unweit von Döbeln in die Freiberger Mulde. Malerisch schlängelt sie sich durch das Erzgebirge und erreicht jenseits von Frankenberg das Mittelsächsische Hügelland. Kurz vor Waldheim erhebt sich im enggebeugten Knie des Flusses auf trutzigem Fels die gotische Anlage von Burg Kriebstein (um 1400).

Sixteen kilometres east of Chemnitz, Elector August I had Augustusburg Castle (1568-1572) built on the 516m high Schellenberg. – The River Zschopau rises on the northern escarpment of the Fichtelgebirge and flows into the Freiberg Mulde not far from Döbeln. It meanders its way picturesquely through the Erzgebirge and beyond Frankenberg flows into the hills of central Saxony. Just short of Waldheim, Burg Kriebstein, a Gothic castle dating from about 1400, rises up on a formidable rock above a sharp bend in the river.

De 1568 à 1572, le prince-électeur Auguste 1er fit construire le Château Augustusburg sur la colline de Schellenberg (516 m), à 16 km à l'Est de Chemnitz. – La Zschopau prend sa source sur le versant Nord du Fichtelgebirge et se jette aux environs de Döbeln dans la Trivière Mulde de Freiberg. Elle sillonne pittoresquement les Monts Métallifères avant d'atteindre, au-delà de Frankenberg, les collines de la Moyenne-Saxe. Juste avant Waldheim, le château gothique de Kriebstein (vers 1400), se dresse sur un rocher dans un coude du fleuve.

SEIFFEN / Erzgebirge

Das Spielzeugdorf Seiffen ist Zentrum des Erzgebirges und seiner uralten Traditionen. Baumeister der Seiffener achteckigen Bergkirche von 1779 war Christian Reuther, Schüler von George Bähr. Acht Säulen bilden ein regelmäßiges Achteck und tragen Kuppel und Turm mit Wetterfahne. Als Wahrzeichen für den Seiffener Zinnbergbau wurde die Wetterfahne mit einem Bergmann versehen. Der Bergbau begann Mitte des 15. Jh., rings um den Schwartenberg entwickelte sich reger Grubenbetrieb, erst im letzten Jh. wurde das Bergamt wegen mangelnder Ausbeute wieder geschlossen.

SEIFFEN / Erz Mountains

The toy-manufacturing village of Seiffen is the centre of the Erz Mountains and its age-old tradition. The architect of the octagonal Mountain Church of 1779 was Christian Reuther, a pupil of George Bähr. Eight columns form a regular octagon and support the dome and the tower with its weathervane. As a sign of the importance of tin mining in Seiffen, the weathervane includes the figure of a miner. Mining began in the middle of the 15th century, and became quite extensive all round the Schwartenberg. The mining office did not close till the last century, on account of insufficient yields.

SEIFFEN / Monts Métallifères

Seiffen, village du jouet, est le centre des Monts Métallifères et de ses traditions ancestrales. Nous devons l'architecture de son église polygonale de huit côtés de 1779 à Christian Reuther, disciple de George Bähr. Huit colonnes forment un octogone régulier sur lequel reposent la coupole et la tour avec sa girouette. Véritable emblême des gisements d'étain de Seiffen, cette girouette est ornée d'un mineur. Démarrée au 15ème siècle, l'exploitation minière connut une expansion active tout autour du mont Schwartenberg. Au siècle dernier toutefois, l'administration des mines dut fermer ses portes pour manque de rendement.

SEIFFEN / Erzgebirge

Des längst vergangenen Bergmannswesens wird nur noch an alljährlichen Festtagen und mit Paraden in traditionellen Uniformen gedacht. Im Winter verwandelt sich die Region in ein zauberhaftes Weihnachtsland, überall werden holzgeschnitzte Engel, Nußknacker, Räuchermännchen oder Pyramiden feilgeboten, die sich in heißer Kerzenluft leise drehen. Gleichermaßen wird die Kunst des Klöppelns und der Spitzenherstellung gepflegt. Spielzeugindustrie und traditionelles Handwerk haben entschieden an Stellenwert gewonnen: Jetzt marschiert statt der Bergmänner die „Nußknacker-Parade" auf.

SEIFFEN / Erz Mountains

The mining tradition, long since discontinued, is now remembered only on annual holidays and with parades in traditional uniforms. In the winter the region is transformed into a magical Christmas landscape; carved wooden angels, nutcrackers, smokers and pyramids that turn gently in the hot air produced by candles are on offer everywhere. The art of lace-making is carefully preserved too. The toy-manufacturing industry and traditional craftwork have greatly increased in importance: instead of the miners, we now have the nutcracker parade.

SEIFFEN / Monts Métallifères

L'activité minière, depuis longtemps oubliée, revit pourtant lors des festivités annuelles avec parades et uniformes tradtionnels. En hiver, la région se transforme en une magnifique féerie de Noël, avec ses anges sculptés dans le bois, ses casse-noisettes, ses bonhommes à fumée et ses pyramides qui pivotent doucement à la chaleur des bougies. L'art de la dentelle à la main et aux fuseaux y est cultivé à même enseigne. L'industrie du jouet et l'artisanat traditionnel ont acquis de la valeur, aussi la «parade des casse-noisettes» a-t-elle remplacé celle des mineurs.

MARIENBERG / Erzgebirge, Stadtansicht mit „St.Marien" / View of the town with St. Marien / Panorama de la ville avec »Ste Marie«

Die Stadt Marienberg ist berühmt für ihren historischen Grundriß. 1521 entwarf Ulrich Rülein von Calw, Professor der Mathematik und Doktor der Medizin, einen Plan zur Erbauung der Stadt nach dem Vorbild des „Hippodamischen Systems". Demnach ist der Marktplatz quadratisch und genau ein Hektar groß. Er bestimmt ein rechtwinkliges Straßennetz, das sich von hier regelmäßig in alle vier Himmelsrichtungen ausbreitet. Die völlig symmetrische Stadtanlage entstand nach antikem Vorbild der Renaissance und ist die früheste ihrer Art nördlich der Alpen.

The town of Marienberg is famous for its historic layout. Ulrich Rülein von Calw, a professor of mathematics and doctor of medicine, designed a plan for the construction of a town modelled on the "Hippodamic system". The marketplace is thus square and covers exactly one hectare. It determined the layout of the rectangular network of roads that extends from it in all four directions. The completely symmetrical town plan was based on an ancient model in the Renaissance and is the earliest example of its kind north of the Alps.

Marienberg est célèbre pour son plan historique. Ulrich Rülein von Calw, professeur en mathématiques et docteur en médecine, dessina en effet un plan de construction de la ville d'après le modèle du système de Hippodamos, selon lequel la place du marché, un carré d'un hectare situé au centre, ordonne un réseau de rues orthogonales qui se déploie régulièrement en direction des quatre points cardinaux. L'agglomération, entièrement symétrique, créée à l'image d'un modèle antique de la Renaissance, est la plus ancienne de son genre au Nord des Alpes.

Ähnlich wie Kriebstein erhebt sich siebzig Meter hoch über der Zschopau die Burg Wolkenstein mit gleichnamiger Bergstadt. Herzog Heinrich der Fromme von Sachsen wählte als Sommersitz das herrliche aus dem 12. Jh. stammende Anwesen und ließ es 1505 in ein Wohnschloss umbauen. Es entstanden saalartige Räume mit großen spätgotischen Bogenfenstern, Renaissance- malereien und mächtige Balkendecken, die ganz der landesherrschaftlichen Machtentfaltung entsprachen.

Wolkenstein Castle rises up, along with the town of the same name, like Kriebstein Castle, some 70m above the River Zschopau. First erected in the second half of the 12th century, the splendid premises were chosen by Duke Henry the Devout of Saxony as his summer residence and transformed into a residential castle. Rooms like large halls were created, with late-Gothic curtain arches and windows, Renaissance paintings and massive beamed ceilings. The town and castle can be reached via a stone bridge across the river, built in 1771.

Tel le château de Kriebstein, celui de Wolkenstein domine, à 70 m. au-dessus de la Zschopau, la ville minière du même nom. Le Duc Henri le Pieux de Saxe porta son choix, en 1505, sur cette magnifique propriété fondée au cours de la deuxième moitié du 12ème siècle, et la fit remanier en résidence d'été. Des pièces à l'allure de salles d'apparât aux fenêtres à arcs fléchis du Gothique flamboyant, des fresques de la Renaissance et d'immenses plafonds à poutres apparentes en résultèrent, conformes au déploiement de puissance seigneuriale de l'époque.

ANNABERG-BUCHHOLZ / Erzgebirge

Schmuckstück der Bergstadt Annaberg-Buchholz im Herzen des Erzgebirges ist die St. Annenkirche. Von 1499 bis 1525 wurde hier eine der bedeutendsten spätgotischen Hallenkirchen Deutschlands erbaut. Der Innenraum ist hoch und hell, die Decke schmükken zartgliedrige Schlingrippengewölbe. Hundert farbige Reliefs von Franz Maidburg, partiell mit glänzendem Blattgold versehen, zieren die steinerne Empore. – Bei Annaberg befindet sich das bedeutendste technische Denkmal Sachsens, der Frohnauer Hammer, aus dem 14. Jh. nachgewiesen. Der Eisenhammer ist seit 1925 Schauanlage.

The St. Annenkirche in the mountain town of Annaberg-Buchholz in the heart of the Erzgebirge, is a real gem. Built between 1499 and 1525, it is one of the most famous late-Gothic hall churches in Germany. The interior is high and light, and delicate looped vaults decorate the ceiling. The stone gallery is decorated with a hundred coloured reliefs by Franz Maidburg, some gleaming with gold leaf. – Near Annaberg is the most important technical monument in Saxony, the Frohnauer Hammer dating from the 14th century. The iron hammer has been on show since 1925.

L'Eglise Sainte-Anne (St. Annenkirche), bâtie de 1499 à 1525, joyau de la ville minière de Annaberg-Buchholz, est l'un des meilleurs exemples d'église-halle du Gothique flamboyant en Allemagne. L'intérieur est haut et clair, la voûte est décorée d'un réseau de délicates nervures. Cent reliefs colorés, en partie revêtus d'or laminé, de Franz Maidburg, ornent la galerie de pierre. Le principal monument historique de Saxe, le Frohnauer Hammer (Forge de Frohnau), documenté dès le 14ème siècle, se situe aux environs de Annaberg. Cette installation est présentée au public depuis 1925.

Oberwiesenthal ist die Stadt Deutschlands, die am höchsten gelegen ist (914 m). Mit ihrer traumhaften Lage in unmittelbarer Nähe des Fichtelbergs (1215 m) lädt sie zu malerischen Ausflügen und Wanderungen in die Umgebung ein. In der kalten Jahreszeit verwandelt sie sich in ein Freizeit- und Ferienparadies für Wintersportler. Schon 1517 wurde hier planmäßig eine Siedlung angelegt; von der Bedeutung Oberwiesenthals als Grenzstadt im Postverkehr zeugen die 78 Ortsnamen, die auf der Distanzsäule (1739) stehen, die sich auf dem Marktplatz befindet.

Oberwiesenthal is the highest town in Germany (914 m). Situated in idyllic surroundings at the foot of the Fichtelberg (1215 m), Oberwiesenthal is an attractive starting-point for rambles and excursions into the nearby countryside. In the colder months the area becomes a leisure and holiday paradise for winter sports. Oberwiesenthal dates back to 1517, when a settlement was laid out here. Later the town became an important postal centre, as is shown by the 78 place names listed on the old milestone (1739) in the market place.

Avec ses 914 m, Oberwiesenthal est la ville la plus élevée d'Allemagne. De par sa situation idéale à proximité du massif du Fichtelberg (1215 m), elle invite aux excursions dans les environs. Pendant la période froide, elle se transfome en paradis de loisirs pour les adeptes des sports d'hiver. Dès 1517, une agglomération y fut méthodiquement construite. Les 78 noms de localités, sur la colonne d'indication des distances, érigée sur la place du marché, témoignent de l'importance de cette ville-frontière pour les échanges postaux.

Die Bergstadt Schwarzenberg schmiegt sich in den Talkessel des Schwarzwassers. Das Schloß mit nebenstehender St. Georgenkirche thront auf einem vorspringenden Felsen, und beide Bauwerke bilden das Wahrzeichen der Stadt. Eigensinn bewies der Ort, als die Bewohner nach dem II. Weltkrieg für sechs Wochen die Freie Republik Schwarzenberg ausriefen. Im Bild der Schwarzenberger Weihnachtsmarkt mit dem Märchenumzug und der Bergparade, die mit dem Bergzeremoniell vor dem Ratskeller am Rathausplatz ihren feierlichen Abschluß findet.

The mountain town of Schwarzenberg nestles comfortably in the Schwarzwasser valley. The castle with St. George's Church next door rises up on a jutting rock, the two buildings forming jointly the town's most well-known landmark. The Schwarzenberg Christmas market is the climax to the year's events, with a fairytale procession and a mining parade that culminates with a ceremonial act outside the Ratskeller on the town hall square.

Schwarzenberg, ville de montagne, se cache dans la cuvette de Schwarzwasser (eau noire). Le château et l'église St George, situés sur un rocher, sont le symbole de la ville. Ses habitants firent preuve d'obstination à la fin de la 2ème guerre mondiale en proclamant pour six semaines la République libre de Schwarzenberg. La photo montre le marché de Noël et les défilés qui se terminent par une cérémonie devant l'hôtel de ville.

Bekannt geworden ist Schneeberg durch den Silberbergbau im ausgehenden 15. Jahrhundert. 500 Jahre Bergbau haben die Stadt in Ihrer Geschichte und Entwicklung geprägt. Die alles überragende St. Wolfsgangskirche und die prächtigen Bürgerhäuser haben Schneeberg den Titel „Barockstadt des Erzgebirges" verliehen. Die Häuser stammen aus dem 18. Jahrhundert und der Großteil der Fassaden ist original erhalten. Sie werden kontinuierlich restauriert. Wanderfreunde können hier auf den Spuren von Silber und Kobalt die Stadt und Ihre Umgebung erkunden.

Schneeberg became known as a silver-mining town at the end of the 15th century, initiating a 500-year mining tradition that has determined the town's historical development. Schneeberg is similarly situated. It lies on the "Silver Road", a reminder of the silver mining of former times. The town gets the name "Baroque town of the Erzgebirge" from the church of St. Wolfgang towering up above all else, and the magnificent houses. Hikers can trace paths of silver and cobalt as they set out to explore the town and its surroundings.

Vers la fin du XVe siècle, Schneeberg s'est fait un nom grâce à sa mine d'argent. 500 ans d'exploitation minière ont influencé l'histoire et le développement de la ville. La ville de Schneeberg est Situé sur la «Route d'Argent» et appelé «Ville baroque des Monts Métallifères». – Au cours de notre périple vers la ville aux trois tours, Auerbach, nous atteignons le Vogtland, situé au Sud-Ouest de la Saxe, et réputé pour son paysage de collines diversifié. Ses hauteurs – jusqu'à 973 m. Les randonneurs peuvent découvrir Schneeberg et ses environs en partant sur les anciennes traces des mines d'argent et.

AUERBACH „Drei-Türme-Stadt"

Weithin sichtbar überragen die Türme des Schlosses, der protestantischen und der katholischen Kirche die Silhouette von Auerbach, was dem Ort den Beinamen „Drei-Türme-Stadt" eingebracht hat. Auerbach ist aber auch die Stadt der weihnachtlichen Gabenbringer. In der Adventszeit kommen hier mehrere hundert Rotkittel zum größten deutschen Weihnachtsmännertreffen zusammen.

AUERBACH, the three-tower town

They are visible from far and wide, these three towers of the castle, the Protestant church and the Roman Catholic church, and as the dominant feature of the skyline of Auerbach, this trio gave rise to its nickname of the 'Three-Tower-Town'. Auerbach is also Santa's town, for during Advent hundreds of red-coated figures arrive here for the biggest Father Christmas get-together in Germany.

AUERBACH, «Ville des trois tours»

On aperçoit de loin les tours du château, celles des églises protestante et catholique qui façonnent la silhouette de Auerbach, et lui valent le surnom de «Ville des trois tours». Auerbach est aussi la ville des porteurs de cadeaux de Noël. Pendant l'Avent plusieurs milliers de houppelandes rouges s'y retrouvent pour le plus grand rassemblement allemand de Pères-Noël.

Das Kurhaus in Bad Elster atmet jahrhundertealte Tradition. Obwohl schon 1538 bekannt wird, daß hier ein Wasser entspringt, das gesundheitsfördernde Wirkung hat, erhält der Ort erst 1875 das Recht, sich offiziell Sächsisches Staatsbad zu nennen. – Plauen im Tal der Weißen Elster gilt als Metropole des Vogtlandes. Seine wirtschaftliche Entwicklung verdankt die Stadt seit dem 15. Jh. der weltberühmten „Plauener Spitze", der Tuchmacherei, sowie später der Baumwollweberei und 1858 der Einführung der Handstickerei.

The kurhaus in Bad Elster breathes a centuries-old tradition. Although it was known as long ago as 1538 that health-giving waters rise here, it was not until 1875 that the town was officially granted the right to call itself a Saxon state spa. – Plauen in the White Elster valley is regarded as the Vogtland's main city. It owes its economic development from the 15th century on, to lace-making and the cloth trade. Later developments were cotton spinning and hand embroidery in 1858.

L'établissement thermal de Bad Elster respire une tradition centenaire. Bien que les vertus curatives de son eau furent découvertes dès 1538, la ville ne reçut ses droits officiels de ville saxonne de bains qu'en 1875. – Plauen, dans la vallée de la «Weisse Elster», est la métropole du Vogtland. Son essor économique est dû, depuis le 15ème siècle, à la dentellerie, le tissage et, à partir de 1858, à l'introduction de la broderie.

Die Göltzschtalbrücke zwischen Netzschkau und Mylau im Vogtland ist die größte Ziegelsteinbrücke der Welt. Sie entstand beim Bau der Eisenbahnverbindung Leipzig-Nürnberg in den Jahren 1846 bis 1851. In vier Etagen und 81 Bogen überspannt das gewaltige Monument bei einer Höhe von 78 Metern und einer Länge von 574 Metern das Tal der Göltzsch. – Die Entwicklung des Handwerks, der Baukunst und die nahen Erz- und Silberfunde veredelten Zwickau bald zur „Perle Kursachsens". Im Bild das Gewandhaus und das neugotische Rathaus.

The Göltzschtalbrücke between Netzschkau and Mylau in Vogtland is the largest brick bridge in the world. It was erected between 1846 and 1851 as a section of the railway line from Leipzig to Nuremberg. With its four storeys and 81 arches, this vast monument spans the valley of the Göltsch at a height of 78 metres and over a length of 574 metres. – The development of artisan craft and trade, architecture and the nearby discovery of ore and silver soon turned Zwickau into the precious "pearl" of Saxony. The photo shows the cloth-hall and the neo-Gothic town hall.

Le pont de la vallée de la Göltzsch, entre Netzschkau et Mylau dans la région du Vogtland, est le pont en briques le plus grand du monde. Il fut construit dans le cadre des aménagements de la liaison féroviaire Leipzig-Nuremberg dans les années 1846-1851. Ce monument grandiose de quatre étages, avec ses 81 arcs, enjambe la vallée de la Göltzsch à une hauteur de 78 m et une longueur de 574 m. – L'évolution de l'artisanat, de l'architecture et les gisements voisins d'argent élevèrent bientôt Zwickau au titre de «la Perle du Duché de Saxe».

FAUST

Unweit von Crimmitschau liegt Deutschlands einzigartigster Museumskomplex, das Agrar- und Freiluftmuseum Schloß Blankenhain. Den zentralen Bereich bildet das ehemalige Rittergut mit barocker Schloßanlage und zahlreichen Wirtschaftsgebäuden. – Das Colditzer Schloß entstand auf einer Burg, die 1430 von den Hussiten und 1504 durch einen Brand zerstört wurde. Berühmt wurde das Schloß durch seine Kriegsgefangenen im II. Weltkrieg und den englischen Offizieren, die einen 50 Meter langen unterirdischen Fluchtgang legten, der aber entdeckt wurde.

Close by Crimmitschau is Germany's most unique museum complex, the agricultural and open-air museum of Blankenhain Castle. The central area of the complex is taken up by the former knight's estate with its baroque castle and numerous farm buildings. – Colditz Castle was built on the site of a former fortification destroyed by the Hussites in 1430 and by a fire in 1504. The castle became famous through the British officers imprisoned here in World War II: they dug a 50m long underground tunnel, only to be discovered shortly before its completion.

A proximité de Crimmitschau s'érige l'ensemble de musées le plus original d'Allemagne. Au château de Blankenhain se trouve un ensemble de musées, rural et de plein air. Le château et ses nombreux communs en forment le centre. – Le château de Colditz fut érigé sur un ancien château-fort dévasté, en 1430 par les Hussites puis, en 1504, par un incendie. Le château doit sa popularité à des prisonniers de la 2ème guerre mondiale – des officiers anglais – qui creusérent un tunnel de 50 m, mais qui fut découvert.

Sparkasse

Das Rathaus von Borna mit seinen zwei Erkern, dem hohen Giebel, zentral angelegt über dem restaurierten Portal, und dem Turm genau über der Mitte des Hauses ist nur eines der Sehenswürdigkeiten der Stadt. Ende des 19. Jh. waren hier Orgel-, Klavier- und Harmoniumbau angesiedelt. – Die Rochsburg hat trotz zahlreicher Umbauten ihren wehrhaften Charakter nicht verloren. Vermutlich in der zweiten Hälfte des 12. Jh. errichtet, kann sie mit Zugbrücke und Brunnenhaus (17. Jh.) alles aufweisen, was man von einer mittelalterlichen Burganlage erwartet.

The town hall of Borna with its two oriels, tall central gable above the restored entrance, and tower directly above the centre of the building is just one of the sights of the town. At the end of the 19th century organs, pianos and harmoniums were made here. – The Rochsburg has not lost its fortified character, despite numerous alterations. Built probably in the second half of the 12th century, with its drawbridge and well-house with its 17th century mechanism it has everything you expect of a medieval castle.

L'hôtel de ville de Borna, avec ses deux encorbellements, son haut pignon aménagé centralement au-dessus du portail restauré et sa tour placée juste au milieu du bâtiment, n'est pas l'unique curiosité de la ville. A la fin du $19^{\text{ème}}$ siècle, des manufactures d'orgues, de pianos et d'harmoniums y étaient établies. – Le château de Rochsburg n'a pas perdu son caractère défensif malgré toutes les transformations. Edifié à la fin du $12^{\text{ème}}$ siècle, il présente, avec son pont-levis et son puit, le vrai château du Moyen Age.

Dresdner Bank

Das neue Rathaus im Stil der Neorenaissance am Döbelner Obermarkt wurde 1914 eingeweiht, nachdem man das alte wegen mangelnder Größe abgerissen hatte. Döbeln entwickelte sich im 19. Jh. zu einer respektablen Industriestadt, die insbesondere bekannt war für Silberwarenfabrikation und die Herstellung von Zigarren. – Das Schloß, die alte Steinbrücke und die frühgotische Frauenkirche machen Grimma zu einer reizvollen Kleinstadt an der Mulde. Das Rathaus mit seiner eindrucksvollen Renaissancefassade wurde auf einem gotischen Vorgängerbau errichtet.

The new town hall in neo-Rennaissance style in Döbeln's Upper Marketplace was officially opened in 1914, after the old one, which was too small, had been torn down. In the 19th century Döbeln developed into an industrial town of a respectable size; it was known especially for its silverware and cigars. – The castle, old stone bridge and early Gothic Church of Our Lady make Grimma on the Mulde an attractive little town. The town hall with its impressive Renaissance facade was built on the site of a former building in Gothic style.

La mairie en néo-renaissance, sur la place supérieure du marché de Döbeln, fut inaugurée en 1914, l'ancienne étant dévenue trop petite. Döbeln se développa en ville industrielle respectable, connue particulièrement par la fabrication d'argenterie et de cigarres. – Le château, l'ancien pont en pierre et l'église Notre-Dame, en Gothique primitif font de Grimma une charmante petite ville. La mairie avec son impressionnante façade renaissance, fut érigée à la place d'une précédente construction gothique.

Keine Stadt in Sachsen ist so untrennbar mit Handel und Gewerbe verbunden wie Leipzig. Aufgrund ihrer Lage am Schnittpunkt zweier großer Fernhandelsstraßen, der Via regia (Königsstraße, Ost-West) und Via imperis (Reichstraße, Nord-Süd) fanden hier schon im 12. Jh. Oster- und Michaelismärkte statt. Beim Bau des alten Rathauses im Renaissancestil mußten sich die Bauleute 1556 sputen: Genau neun Monate hatten sie Zeit, dann fand wieder die nächste Messe statt. Der Rathausturm ist mit einem „Verkündigungsbalkon" für die Ratsherren versehen.

Like no other city in Saxony, the name Leipzig is synonymous with trade and commerce. Because of its location at the crossroads of two great trade routes, the Via regia (Royal Road, east – west) and the Via imperis (Imperial Road, north – south) Easter and Michaelmas markets were held here as early as the 12th century. When the old town hall in Renaissance style was built in 1556, the architect and builders had to get a move on: they had exactly nine months to complete it before the next fair. The town hall tower has a "proclamation balcony" for the councillors.

Aucune localité de Saxe n'est aussi indissociable du commerce que Leipzig. Du fait de sa situation au carrefour de deux axes commerciaux importants, la Via Regia (Voie royale, est-ouest) et la Via Imperis (Voie impériale, nord-sud), les marchés de la Saint-Michel et de Pâques s'y déroulaient dès le 12ème siècle. En 1556 il a fallu que les ouvriers se dépêchent pour la construction de l'ancien hôtel de ville de style renaissance allemande, ne disposant que de 9 mois avant la foire suivante. La tour de l'édifice est dotée d'un «balcon de proclamation» pour les sénateurs.

Durch die Handelswege hat sich die Stadt wirtschaftlich wie kulturell zu einem zentralen Punkt in Deutschland entwickelt. Nachdem die Stadtgründung um das Jahr 1165 erfolgte, entwickelte sich hier die Markttätigkeit in verstärktem Masse. Bereits im 12. Jahrhundert gab es für den Handel eine Oster- und eine Michaelismesse. 1458 kam die Neujahrsmesse hinzu. Mit der Verleihung des Messeprivilegs „Reichsmesse" durch Kaiser Maximilian I. im Jahre 1497 begann der Aufstieg der Stadt zu einem der bedeutendsten Handelsplätze in Deutschland.

As a result, the town developed into one of the country's main economic and cultural centres. After the establishment of a town in about 1165, trading activity increased. As early as the 12th century there was an Easter and Michaelmas fair. In 1458 a New Year Fair was established too. After Emperor Maximilian I granted the right to hold an Imperial Fair in 1497, the city grew into one of the most important commercial centres in Germany. The city of Leipzig soon outstripped even Frankfurt am Main, becoming known as the Market Place of Europe.

Grâce à ces voies de commerce la ville est devenue un centre économique et culturel en Allemagne. Après la fondation de la ville aux environs de 1165, les activités marchandes se développèrent de façon accrue. Dès le 12ème siècle une foire de Pâques et une foire de la Saint-Michel favorisèrent le commerce. La foire du Nouvel An s'y ajouta en 1458. Lorsque l'empereur Maximilien Ier dota la ville du privilège de «foire impériale» en 1497, la ville devint l'un des carrefours commerciaux les plus importants d'Allemagne.

Johann Wolfgang Goethe

◁ LEIPZIG, Alte Handelsbörse

Die alte Handelsbörse wurde in der Art eines Gartenpavillons nach italienischen und niederländischen Einflüssen errichtet und diente den Kaufleuten und Stadtverordneten als Versammlungsort. Heute wird der Festsaal als Literatur- und Musikzentrum genutzt.

The old exchange was built in the style of a garden pavilion, incorporating Italian and Dutch influences, and served as a meeting place for merchants and aldermen. Today the assembly hall is used as a centre for literature and music, for music has as much a tradition in Leipzig as trade.

L'ancienne bourse fut érigée sous forme de pavillon, sous influences italiennes et néerlandaises, et servait de lieu de rencontre aux commerçants et conseillers municipaux. Aujourd'hui, elle est utilisée comme centre littéraire et musical. La ville connaît notamment une longue tradition sur le plan musical.

LEIPZIG, Thomaskirche

Traditionsreich ist das musikalische Leben in Leipzig. Im frühen 13. Jh. stiftete Markgraf Dietrich den Augustiner-Chorherren eine Kirche, den Vorgängerbau der heutigen Thomaskirche. In der dazugehörigen Stiftsschule (1212) wurden Knaben für das liturgische Singen ausgebildet. Der heute weltweit bekannte Thomanerchor war geboren.

In the early 13th century Margrave Dietrich donated a church to the Augustans, the predecessor of the present Thomaskirche. In the monastery school attached to it (1212) boys were trained for singing liturgy. The now world-famous Thomas Choir was born.

Au 13ème siècle, le Margrave Dietrich fit don d'une église aux chanoines des Augustins, bâtie à la place de l'actuelle Eglise Saint-Thomas. Dans l'école attenante, fondée en 1212, de jeunes garçons y recevaient une formation en chants liturgiques. Le «Thomanerchor» (chœur de Saint-Thomas) qui jouit aujourd'hui d'une réputation mondiale, était né.

LEIPZIG, Gewandhaus

Das Anfang der 80er Jahre erbaute Gewandhaus ist bekannt für seine ausgezeichnete Akkustik. Jahrelang wirkte hier Kapellmeister Kurt Masur. Abends kann man hinter der erleuchteten Fassade Sighard Gilles 712 Quadratmeter großes Deckengemälde „Gesang vom Leben" erkennen. Das Opernhaus am Schwanenteich wurde 1960 mit der Aufführung von Richard Wagners „Die Meistersinger von Nürnberg" eröffnet. Wagner wurde 1813 in Leipzig geboren. Geprägt ist Leipzigs gesamtes musikalisches Leben zudem vom Wirken Johann Sebastian Bachs, der hier 1723 bis zu seinem Tod tätig war.

The Gewandhaus, built in the early eighties, is famous for its excellent acoustics. Kurt Masur was the conductor here for many years. In the evening Sighard Gilles' 712 square metre ceiling painting "Song of life" can be seen behind the illuminated facade. The opera house on the Schwanenteich was inaugurated in 1960 with a performance of Richard Wagner's "Die Meistersinger von Nürnberg". Wagner was born in Leipzig in 1813. In addition, Leipzig's music life has always been influenced by the spirit of Johann Sebastian Bach. He worked here from 1723 until his death.

Cette salle de concert, construite au début des années 80, est célèbre pour son excellente acoustique. Kurt Masur y fut chef d'orchestre pendant de longues années. Le soir, on reconnaît, derrière la façade illuminée, la grande fresque de plafond de 712 m² de Sighard Gilles «Hymne à la vie». L'opéra, au bord du lac aux cygnes, fut inaugurée par la présentation des «Maîtres-chanteurs de Nuremberg» de Richard Wagner. Wagner est né en 1813 à Leipzig. La vie musicale de la ville est en outre empreinte de l'œuvre de Johann Sebastian Bach qui y œuvra de 1723 à sa mort.

Ein wenig außerhalb der Innenstadt befindet sich das Leipziger Völkerschlachtdenkmal. 1898-1913 nach Plänen von Bruno Schmitz errichtet, entspricht es in seiner gewollt archaisierenden Formensprache der monumentalen Bauweise der wilhelminischen Epoche, die mit ihren bombastischen Denkmälern Kaiser und Nation verherrlichen sollten. Als es am 100. Jahrestag der Völkerschlacht eingeweiht wurde, waren sowohl der deutsche Kaiser als auch der sächsiche König anwesend. Sechs Millionen Goldmark kostete der Bau, aufgebracht durch Spenden und Lotterien.

Just outside the city centre is the Battle of the Nations (1813) monument. Designed by Bruno Schmitz and built between 1898 and 1913, the edifice with its deliberately archaized style is a typical example of the bombastic, monumental architecture of the era of Emperor Wilhelm II, glorifying the emperor and the nation. When it was officially inaugurated on the 100th anniversary of the battle, both the emperor and the King of Saxony were present. It cost 6 million gold marks to build, a sum raised through donations and lotteries.

Un peu à l'écart du centre-ville, fut érigé, de 1898 à 1913, le Monument de la Bataille des Nations, selon les plans de Bruno Schmitz. De par sa forme, volontairement archaïque, il répond aux critères des constructions monumentales de l'époque wilhelminienne, glorifiant l'Empereur et la Nation par des monuments pompeux. L'Empereur allemand et le Roi de Saxe étaient tous deux présents à son inauguration pour commémorer le centenaire de la Bataille des Nations. La construction coûta six millions de Mark-or mobilisés par des dons et des lotteries organisées à cet effet.

LEIPZIG, Eingangshalle zum neuen Messegelände / Entrance hall to the new exhibition centre / Hall d'entrée des nouveaux terrains de la foire

Getreu ihrer Tradition ist Leipzig jetzt vor allem Messestadt. Schon zu DDR-Zeiten Zentrum des Ost-West-Handels, wurde das Messegelände jüngst um eine Fläche von 986.221 Quadratmeter erweitert. Das neue Gelände hat fünf Messehallen mit einer Grundfläche von jeweils 20.500 Quadratmetern. Blickpunkt ist die zentrale Glashalle: Die in Europa mit ihrer Größe einzigartige Stahl-Glas-Konstruktion funktioniert wie ein Wintergarten. Lamellen und Öffnungen lassen frische Luft herein, und bei großer Hitze kühlt ein feiner Wasserfilm von außen die Glasfront.

In keeping with its tradition, Leipzig has always been the home of trade fairs. The centre of east-west trade even in GDR times, the exhibition centre was recently extended to cover an area of 986,221 square metres. The new centre has five pavilions with an area of 20,500 square metres each. The focal point is the central glass hall: this steel and glass construction, unique in Europe, is like a winter garden. Slats and openings in the apex and side walls let in fresh air, and on very hot days a fine layer of water cools the glass front from the outside.

Fidèle à sa tradition, Leipzig est aujourd'hui avant tout une ville de foires. Déjà centre du commerce Est/Ouest à l'époque de la R.D.A., l'aire de la foire a été récemment élargie d'une surface de 926 221 m^2. Les nouveaux terrains comptent cinq halles d'une surface de base de 20500 m^2 chacune. Le bâtiment centrale, construction de verre et d'acier, est unique en Europe. Il fonctionne comme un jardin d'hiver: ouvertures et volets font circuler l'air frais et par grande chaleur, une mince pellicule d'eau coule sur la façade.

Der Landkreis Delitzsch im Nordosten von Leipzig ist bekannt für seine zahlreichen Festivitäten. In Eilenburg wird jährlich das Burgfest in traditionellen Kostümen gefeiert. Ähnliche Freuden erwarten einen beim Peter- und Paulsfest in Delitzsch (Juni/Juli), auf der Kohlhaas-Festwoche in Wellaune (August) und beim Burgfest in Bad Döben (September). Geheimnisvoll ist der Eilenburger Bergkeller, dessen gesamte Dimension bisher nicht bekannt ist. Die dreistöckigen Gewölbe dienten im II. Weltkrieg der deutschen Rüstungsindustrie.

The district of Delitzsch northeast of Leipzig is known for its numerous festivals. In Eilenburg they celebrate the annual castle fair in traditional costume. Similar delights can be found during the Peter and Paul Fair in Delitzsch (June/July), during the Kohlhaas Festival week in Wellaune (August) and at the castle fair in Bad Döben (September). The extent of the mysterious cellars in Eilenburg is unknown. The three-storey vaults, lined with over-large bricks, was used by the armaments industry in the Second World War.

Le district de Delitzsch au Nord-Est de Leipzig est célèbre pour ses nombreuses festivités. La fête du château, en costumes traditionnels, est célébrée annuellement à Eilenburg. Des réjouissances similaires attendent le visiteur lors de la fête de St Pierre et St Paul à Delitzsch (juin/juillet), les journées de Kohlhaas à Wellaune (août) et la fête du château à Bad Döben (septembre). La cave de Eilenburg, aux dimensions réelles inconnues à ce jour, reste entourée de mystère. Cette voûte de trois étages, servait à l'industrie de l'armement pendant la 2ème guerre mondiale.

Die Residenz der Wettiner auf Schloß Hartenfels war einst das gesellschaftliche Zentrum Sachsens. Hier fanden glänzende Feste und fürstliche Hochzeiten statt. Im Oktober 1711 kam Zar Peter I. nach Torgau, um seinen Sohn und Thronfolger mit einer deutschen Prinzessin zu verheiraten. Am 25. April 1945 schrieb die Stadt Torgau Weltgeschichte. Ein Denkmal erinnert an das Zusammentreffen der russischen und amerikanischen Armeen gegen Ende des II. Weltkriegs auf der zerstörten Elbbrücke. Heute wird der „Elbe Day" als Volksfest mit internationalen Dixiegruppen gefeiert.

The Wettiners' residence in Torgau, Hartenfels Castle, was once the social centre of Saxony and the site of magnificent festivities and glorious weddings. Csar Peter I came to Torgau to marry his son and heir to a German princess. World history took place here on 25th April 1945. A monument is a reminder of the first peaceful encounter between Russian and American troops on the ruined bridge over the Elbe. Today "Elbe Day" is celebrated with a festival of international Dixieland groups.

La résidence de Torgau, le château de Hartenfels des Wettin, fut longtemps le centre social de la Saxe. De brillantes fêtes et des mariages princiers y furent célébrés. En octobre 1711, le Tsar Pierre 1er (le Grand) s'y rendit afin d'y marier son fils et successeur à une princesse allemande. Le 25 avril 1945, la ville de Torgau s'inscrit dans l'histoire. Un monument commémore la première jonction des troupes américaines et soviétiques sur le pont de l'Elbe. Aujourd'hui «L'Elbe Day» est célébré par une grande fête de musique populaire internationale.

Weithin sichtbar überragt die doppeltürmige St.Ägidienkirche die Stadt Oschatz. Beim letzten großen Stadtbrand zerstört, wurde sie im neugotischen Stil wiederaufgebaut. Eine besondere Attraktion von Oschatz ist die kleine Schmalspurdampfeisenbahn. – Die Legende erzählt, einst habe ein Riese an der Elbe gerastet und seine Schuhe des Sandes entledigt, der sich darin gesammelt hatte. Der Sand ergab einen kleinen Hügel, auf dem Riesa entstanden sein soll. Der Riese gab der Stadt ihren Namen.

Towering up above the town of Oschatz, the St. Ägidienkirche with its twin towers is visible from a long way off. Destroyed during the last town fire, it was rebuilt in neo-Gothic style. The little narrow-gauge steam railway is a special attraction in Oschatz. It still transports passengers and freight from Oschatz to Mügeln and back. – Legend has it that a giant once rested by the Elbe and emptied his shoes of the sand that had collected in them. The sand made a little hill on which Riesa grew up. The giant ("Riese" in German) gave the town its name

De loin déjà, on reconnaît l'église St Egides qui domine la ville de Oschatz. Détruite lors du dernier grand incendie qui dévasta la ville, elle fut rebâtie en style Néo-Gothique. L'une des attractions de Oschatz est son petit train à vapeur à voie étroite. – La légende rapporte que jadis un géant se serait reposé au bord de l'Elbe. Le sable entrâvant sa marche, il se débarassa de ses chaussures pour les secouer. De là naquit une petite colline sur laquelle fut érigée la ville de Riesa. Le géant (Riese en allemand) donna ainsi son nom à la ville.

KAMENZ / Westlausitz

Kamenz liegt am Rande der Lausitz in der sogenannten Westlausitz. Hier wurde 1729 Gotthold Ephraim Lessing geboren, dessen Andenken insbesondere im Lessing-Haus gepflegt wird. Zentrum der Stadt ist das leuchtendrote Kamenzer Rathaus (im Bild).

Kamenz brings us to the borders of Lusatia, to so-called West Lusatia. Gotthold Ephraim Lessing was born here in 1729. He is commemorated in the Lessing-Haus. The bright red Kamenz town hall is the focal point at the centre of the town.

Kamenz nous conduit à la limite de la Lusace avec la dite Lusace occidentale. C'est ici qu'en 1729 naquit Ephraim Lessing dont le souvenir est particulièrement cultivé dans le musée qui lui est voué, la Maison de Lessing. L'Hôtel de ville, rouge vif, de Kamenz est situé en plein cœur de la ville.

PULSNITZ / Westlausitz

Pulsnitz, die Stadt der Pfefferküchler, Töpfer und Blaudrucker, liegt idyllisch in einem Tal des Westlausitzer Berg- und Hügellandes. Das Privileg, Pfefferkuchen zu backen, besitzen die Pulsnitzer seit 1558. Nur lange gelagertem Honig- oder Sirupteig werden feinste Gewürze, im Mittelalter kurzweg „Pfeffer" genannt, beigegeben.

Pulsnitz, the town of gingerbread makers, potters and printing is idyllically situated in a valley among the West Lusatian hills. The inhabitants of Pulsnitz have enjoyed the privilege of making gingerbread since 1558. The gingerbread gets its unmistakable taste from dough that has been matured a long time and been made with honey or syrup that has had the finest spices added to it.

Pulsnitz, ville du pain d'épice, de la céramique et de la teinture bleue, repose, de façon idyllique, dans une vallée de cette région de monts et collines de la Haute-Lusace. Les habitants de Pulsnitz détiennent le privilège de fabriquer le pain d'épice depuis 1558.

Viel Glück
Fische
Fische
Wasser-mann
Wasser-mann
Wasser-mann
Wasser-mann
Steinbock

Aus einem kleinen Handwerksstädtchen, von dem viele Gebäude der Altstadt künden, hat sich Hoyerswerda zu einer der sieben größten Städte Sachsens mit 63.000 Einwohnern entwickelt. – Ähnlich wie Hoyerswerda ist auch Weißwasser der Struktur und Einwohnerdichte nach vom Braunkohleabbau geprägt. Doch nicht nur Kohle, sondern auch reiche Quarzsandvorkommen waren Ursache für die rasche Entwicklung des Ortes. Alle Glassorten, vom einfachen Fensterglas über technisches Glas bis hin zu feinstem Kristallglas wurden schon in Weißwasser hergestellt.

Hoyerswerda has grown from a small artisans' town, whose origins are still to be seen in the old town, into one of the seven largest towns in Saxony with a population of 63,000 inhabitants. – Like Hoyerswerda, Weisswasser's structure and population growth has been considerably influenced by the lignite industry. However, it is not just brown coal, but also rich deposits of silica that prompted the town's rapid development. All sorts of glass, from simple window glass, to technical glass and the finest lead crystal have been manufactured in Weisswasser.

D'une petite ville artisanale dont témoignent encore de nombreux bâtiments dans les vieux quartiers, Hoyerswerda est devenue la septième ville de Saxe avec 63000 habitants.– Comme Hoyerswerda, Weisswasser, de par sa structure et la densité de sa population, porte l'empreinte de l'exploitation de la lignite. Toutefois, non seulement la lignite mais aussi de riches gisements de quartz sont la cause du développement rapide de cette localité. Toutes les variétés de verre du plus ordinaire verre à vitre au plus fin cristal en passant par le verre industriel, y sont fabriquées.

Görlitz liegt im äußersten Osten Sachsens und ist Grenzstadt zu Polen. Die Lage der Stadt am Schnittpunkt bedeutender Handelsstraßen zwischen Ost und West hat das Stadtbild unnachahmlich geprägt. Allein 3.500 denkmalgeschützte Häuser, unschätzbare Kostbarkeiten aus Gotik, Renaissance, Barock, Gründerzeit und Jugendstil zeugen vom jahrhundertelangen Reichtum Görlitzer Bürger. Verschont vom Bombenhagel des II. Weltkrieges hat sich lebendige Stadtgeschichte bewahrt, die auf deutschem Boden fast einmalig ist, vergleichbar mit Prag, Wien oder Paris.

Görlitz is situated in the far east of Saxony on the border with Poland. The town's location at the crossroads of important east-west trade routes has had an unmistakable influence on the townscape. No less than 3500 protected buildings, invaluable jewels of the Gothic, Renaissance, baroque, promoterist and art nouveau periods, are proof of the prosperity of Görlitz's inhabitants through the centuries. Spared the bombings of the Second World War, living history has been preserved here, almost unique in Germany.

Située à l'extrême Est de la Saxe, Görlitz fait frontière avec la Pologne. Sa situation, au carrefour d'importantes voies de commerce entre l'Est et l'Ouest, a marqué, la physionomie de la ville. Les 3 500 maisons, classées monuments historiques, joyaux du Gothique, de la Renaissance, du Baroque, de l'époque des fondateurs et de l'art nouveau, témoignent seules, de la richesse séculaire des citoyens de Görlitz. Épargnée par les bombardements de la Guerre, l'histoire vivante de la ville s'est maintenue comme nulle part ailleurs en Allemagne.

Das 1234 durch Königin Kunigunde von Böhmen gegründete Zisterzienserkloster St. Marienthal mit seinen auffallenden rot-weißen Fassaden liegt einige Kilometer südlich von Görlitz unmittelbar an der Lausitzer Neiße. Ähnlich wie in Kloster Marienstern bei Kamenz, leben hier in ununterbrochener Folge seit 750 Jahren Schwestern nach dem Leitsatz des Heiligen Benedikt „ora et labora" – bete und arbeite. In den ehemaligen Wirtschaftsgebäuden des Klosters planen die Klosterschwestern jetzt den Auf- und Ausbau eines Internationalen Begegnungszentrums.

The Cistercian nunnery of St. Marienthal was founded in 1234 by Queen Kunigunde of Bohemia. With its conspicuous red-and-white facades, it is siutuated a few kilometres south of Görlitz right on the Lusatian Neisse. As in Marienstern Nunnery near Kamenz, nuns have lived here continuously for 750 years, following St. Benedict's guiding principle "ora et labora" – pray and work. The nuns are planning to establish an international centre in the former farm buildings

Le couvent cistercien, fondé en 1234 par la Reine Cunégonde de Bohème, aux façades rouges-blanches surprenantes, se trouve à quelques kilomètres au Sud de Görlitz sur les bords de la Neisse. Comme dans le couvent de Marienstern près de Kamenz, les religieuses vivent ici sans interruption depuis 750 ans selon le principe de St. Bénédicte «Ora et labora» – prie et travaille. Les nonnes envisagent d'utiliser les anciens communs du couvent pour y établir un centre international de rencontres.

Zittau, die Stadt im Dreiländereck Deutschland-Polen-Tschechien, war im 17. und 18. Jh. nach Leipzig die größte Handelsstadt in Sachsen, ein bedeutender Mittelpunkt der Leinenweberei und des Bleichwesens. Das Rathaus auf dem Marktplatz wurde im letzten Jh. nach Plänen Schinkels erbaut. Hinter Zittau beginnt das Zittauer Gebirge, von der Ausdehnung her das kleinste Mittelgebirge Deutschlands, doch landschaftlich ein Kleinod besonderer Art. Markante Sandsteinberge, vulkanische Bergkuppen und malerische Täler laden zu Wanderungen oder Skitouren im Winter ein.

In the 17th and 18th centuries, Zittau, the town in the German-Polish-Czech triangle was the second-largest trading town in Saxony after Leipzig, and an important centre for linen weaving and bleaching. The town hall on the market square was designed by Schinkel in the last century. Beyond Zittau, the Zittau Mountains begin, the smallest mountainous area in Germany but a scenic gem. Striking sandstone hills, volcanic summits and picturesque valleys attract visitors all the year round for hiking or skiing.

Du 17ème au 18ème siècle, Zittau, située entre trois pays Allemagne, Pologne et Tchèquie était la plus grande ville commerçante de Saxe après Leipzig et un centre important du tissage du lin et du blanchissage. L'hôtel de ville, fut érigé au siècle dernier selon les plans de Schinkel. Derrière la ville, s'étendent les Monts de Zittau. Le paysage est une véritable perle d'un genre bien particulier. Montagnes de grès, ballons volcaniques et vallées pittoresque invitent, été comme hiver, à la randonnée ou aux excursions en skis.

Ein Hauptanziehungspunkt des Zittauer Gebirges ist der 514 Meter hohe Berg Oybin mit seiner bienenkorbartigen Felsform. Zahlreiche Maler der Romantik wurden hier zu eindrucksvollen Kunstwerken inspiriert. – Die Oberlausitzer Umgebindehäuser sind jahrhundertealte Zeugnisse einer Volksbauweise, die eine in Deutschland einmalige Verbindung von Fachwerk und Blockbauweise darstellt. Als Umgebinde bezeichnet man ein offenes Traggerüst, das die Blockstube, also praktisch das Erdgeschoß, umgibt. Auf ihm liegt die Last des Obergeschosses oder das Dach des Hauses.

One of the major attractions of the Zittau Mountains is the 514 m high Mount Oybin with its beehive-shaped rock formation. Numerous Romantic painters were inspired to create impressive works of art here. – The Upper Lusatian Umgebinde houses are evidence of a centuries-old peasant building tradition which incorporates timbered latticework and block-building in a style unique in Germany. Umgebinde is the name given to the open support system that encompasses the ground floor.

Un point d'attraction principal des Monts de Zittau est le mont Oybin, 514 m. De nombreux peintres du romantisme y ont trouvé l'inspiration pour des œuvres d'art impressionnantes. Les maisons de la Haute-Lusace sont le témoignage multi-centenaire d'un genre de construction représentant une combinaison unique en Allemagne de colombage et de cloisonnage. Le cloisonnage est un assemblage de poutres et de lambourdes qui entoure en bloc le rez-de-chaussée et porte tout le poids de l'étage supérieur ou du toit.

Der Reiz der südlichen Oberlausitz liegt in der Vielfalt, mit der sie die Natur ausgestattet hat. Im Zittauer Gebirge, doch schon jenseits der Tschechischen Grenze, entspringt an einem der Berge, dem sogenannten Kottmar, die Spree. Von hier nimmt sie ihren Lauf über 363 Kilometer bis nach Berlin. Drei Orte gibt es in der Oberlausitz, deren Bewohner sich rühmen, Besitzer einer Spreequelle zu sein: Neugersdorf, Spreeborn und Spreedorf. Und jeder Einwohner meint, seine Quelle sei die größte oder wichtigste.

The attraction of southern Lusatia lies in its varied landscapes. In the Zittau Mountains, but on the other side of the Czech border, is the source of the Spree, on one of the mountains, the so-called Kottmar. From here it flows to Berlin, over 363 kilometres away. There are three places in Upper Lusatia that proudly claim to have a spring that feeds the Spree: Neugersdorf, Spreeborn and Spreedorf. And each is convinced its own spring is the largest.

Le charme du Sud de la Haute-Lusace repose dans la diversité dont l'a doté la nature. La Sprée prend sa source dans l'une des collines des Monts de Zittau, la Kottmar, à la frontière tchèque; elle poursuit ensuite son cours sur 363 km jusqu'à Berlin. En Haute-Lusace, les habitants de trois localités se vantent de détenir une source de la Sprée: Neugersdorf, Spreeborn et Spreedorf. Bien évidemment, chacun tient la sienne pour la plus grande et la plus belle de toutes.

LÖBAU / Oberlausitz

Löbau ist Gründungsort des Oberlausitzer Sechsstädtebundes, einer Allianz von 1346 gegen Raubritter und das üble Tun gesetzloser Gesellen. Zu dem Bund gehörten Kamenz, Görlitz, Bautzen, Zittau und Lauban. Gemeinsam wurden fortan die Handelswege geschützt und die politische Macht gegen den Adel verstärkt. Das dreistöckige barocke Rathaus der Stadt (Bild) ist aus dem frühen 18. Jh. Der Laubengang wurde Ende des 19. Jh. neobarock umgestaltet. Hierzulande benutzen viele die alte, sächsische Mundart mit dem unverkennbaren lausitzisch-schlesischen rollenden „r".

Löbau is the place where the Upper Lusatian League of Six Towns was founded, an alliance formed in 1346 against robber barons and their lawless companions. The other members of the League were Kamenz, Görlitz, Bautzen, Zittau and Lauban. They jointly guarded the trade routes and increased their political power vis a vis the nobility. The three-storey baroque town hall (in the picture) dates back to the early 18th century. The now neobaroque arcade was altered at the end of the 19th. Many people in these parts still speak old Saxon dialect with its unmistakable Lausatian-Silesian rolled "r". It sounds almost like an English one.

A Löbau, fut arrêtée, en 1346, la sextuple alliance de Haute-Lusace, réunissant les villes de Kamenz, Görlitz, Bautzen, Zittau et Lauban, pour lutter contre les chevaliers brigands et les méfaits des hors-la-loi. Dès lors, les voies commerciales furent protégées en commun et la pression politique contre la noblesse renforcée. L'hôtel de ville baroque à trois étages (photo) date du début du 18ème siècle. La charmille fut restaurée en Néo-Baroque à la fin du 19ème siècle. Dans cette contrée, nombreux sont ceux qui utilisaient le dialecte saxon au «r» roulé, bien typique pour la Lusace et la Silésie, et qui sonne un peu comme lorsqu'un Anglais le prononce.

BAUTZEN / Oberlausitz

Bautzen wird von der mittelalterlichen Stadtbefestigung bestimmt, die sich mit zahlreichen Türmen auf steilen Granitfelsen über der Spree erhebt. Die Altstadt mit ihren Basteien, Bürgerhäusern und verwinkelten Gassen läßt noch heute etwas vom Leben im späten Mittelalter ahnen. Im mächtigen St. Petridom, im Zentrum der Stadt, gelingt es, zwei Konfessionen unter einem Dach friedlich zu vereinen. Vorne feiern die Katholiken ihre hl. Messe und hinten halten die Protestanten Gottesdienst – nur möglichst nicht gleichzeitig. Im Bild sieht man die Wasserkunst und Michaeliskirche.

BAUTZEN / Oberlausitz

Bautzen is characterised by its medieval fortifications and towers that rise up on steep granite rocks above the Spree. The old town with its old bastions, patrician houses and crooked streets still has an air of the late Middle Ages. In the mighty St. Peter's Cathedral in the centre of the town, two denominations have been peacefully united under one roof. At one end the Catholics celebrate mass, at the other Protestants their services, but if possible not at the same time. In the picture you can see the "Wasserkunst" and St. Michaelis Church.

Bautzen / Haute-Lusace

L'image de Bautzen est caractérisée par sa fortification moyenâgeuse dont les nombreuses tours dominent la Sprée du haut d'un rocher de granit. La vieille ville, avec ses anciens belvédères, ses villas patriciennes et ses ruelles tortueuses, respirent encore la vie du haut Moyen Age. La cathédrale St Pierre, au centre de la ville, est la seule église qui réunit pacifiquement deux religions sous sa voûte. Les catholiques célèbrent leur sainte messe à l'avant et les protestants leur divin office au fond, mais ils évitent de le faire au même moment. Sur la photographie, vue sur la fontaine et église St Michel.

Bautzen ist kulturelles und politisches Zentrum der hier lebenden Sorben. Es gibt ein sorbisches Theater und zweisprachige Schulen. Die Sorben prägen das reichhaltige Brauchtum zur Osterzeit, das Osterreiten, Osterwasserholen und Osterblasen, und kunstvoll werden Ostereier zu kleinen, fragilen Schmuckstücken verziert. Auch zu anderen Zeiten des Jahres heben sich die Sorben an Fest- und Feiertagen durch ihre auffallend schönen Trachten von der restlichen Bevölkerung ab, nicht zuletzt aber auch durch ihre slawische Sprache.

Bautzen is the political and cultural centre of the Sorbs that live in this region. There are bilingual schools and a Sorbian theatre. The extensive Easter customs and traditions, including Easter riding, the fetching of water, music, and Easter eggs decorated and turned into fragile pieces of art, all these have Sorbian roots. At other times of the year too, the Sorbs stand out from the rest of the population on festival and feast days thanks to their fine traditional costumes and, of course, their Slav language.

Bautzen est le centre culturel et politique des Sorabes qui y vivent. Ils possèdent leur théâtre et des écoles bilingues. Les Sorabes perpétuent les riches coutumes pascales: les processions à cheval, le puisage de l'eau à la fontaine et les sonneries, ainsi que la décoration des oeufs de Pâques qui se transforment en petits bijoux fragiles. Mais les Sorabes se distinguent également du reste de la population lors d'autres fêtes tout au long de l'année par le port de leurs magnifiques costumes régionaux et leur langue slave.

Das 1213 erstmals urkundlich erwähnte Waldhufendorf Rammenau bei Bischofswerda bietet historisch und kulturell interessierten Besuchern eine Kostbarkeit: das Barockschloß, von 1721 bis 1735 erbaut, mit herrlichem Spiegelsaal und der Parkanlage im englischen Stil. Hier finden drinnen wie draußen während des ganzen Jahres Veranstaltungen und Konzerte statt. Im Museum des Schlosses wird der Besucher mit dem Leben des wohl berühmtesten Sohnes von Rammenau vertraut gemacht: Johann Gottlieb Fichte (1762-1814).

The village of Rammenau, close by Bischofswerda, was first mentioned in a document of the year 1213. There is a treasure in store here for all visitors with an interest in history and art: the baroque castle, built between 1721 and 1735, housing a magnificent hall of mirrors, and with a park in the English style – all places fit to plant memories of a special kind in the mind of the discerning visitor. There are concerts and cultural events throughout the year. In the castle museum visitors can find out about the life of Rammenau's probably most famous son: Johann Gottlieb Fichte (1762-1814).

Le village longiligne en forêt de Rammenau près de Bischofswerda, documenté pour la première fois en 1213, réserve aux visiteurs intéressés une attraction de choix aux plans historique et culturel: son château baroque, construit en 1721-35, avec une splendide galerie de glaces et un parc de style anglais. Des concerts et autres manifestations sont donnés tout au long de l'année. Le musée du château permet de familiariser le visiteur avec la vie du plus célèbre fils de Rammenau, Johann Gottlieb Fichte (1762-1814).

Das kleinste Weinanbaugebiet Deutschlands erstreckt sich in Sachsens Mitte, zwischen Pirna und Diesbar-Seußlitz. Bereits seit 800 Jahren wird hier Wein angebaut denn das obere Elbtal ist durch ein mildes Klima begünstigt. Urkundlich festgehalten wurde die Überreichung des Weinberges Meisaberg durch Meißens Markgrafen Otto an die Reiche der St. Egidienkapelle im Jahre 1161. Hier wird auch heute noch Wein angebaut. Die Hänge bei Diesbar-Seußlitz sind mit die besten Lagen, darunter die Goldkuppe wo der Wein „Seußlitzer Heinrichburg" gedeiht.

The smallest of Germany's wine-growing regions is in central Saxony, between Pirna and Diesbar-Seusslitz. Wine has been produced here for 800 years, thanks to the favourable climate of the upper Elb valley. The presentation of the Meisaberg vineyard to the Chapel of St. Egidia by Margrave Otto the Rich of Meissen is a recorded fact in the year 1161. Wine is still produced here today. The slopes near Diesbar-Seusslitz are among the best locations, including the Goldkuppe, where the Seusslitzer Heinrichbrug vintage flourishes.

Le plus petit vignoble d'Allemagne s'étend au coeur de la Saxe, entre Pirna et Diesbar-Seusslitz. Depuis 800 ans, on cultive la vigne dans la vallée supérieure de l'Elbe qui bénéficie d'un climat doux. Selon un écrit officiel de 1161, le margrave Otto de Meissen remit le vignoble de Meisaberg à l'ordre de la « St. Egidienkapelle ». Les meilleurs crus poussent sur les coteaux qui entourent Diesbar-Seusslitz; entre autres la « Goldkuppe » (Colline d'Or) dont le vignoble produit le vin « Seusslitzer Heinrichbrug ».

Meißen, die Wiege Sachsens, ist von einem mittelalterlichen Stadtbild, feinsten Porzellan-Kreationen und der Weinlandschaft des Elbtales geprägt. Auf der Spitze des Burgberges thront die Albrechtsburg, ein spätgotischer Bau mit repräsentativer Schloßfassade und meisterhaft gefertigtem Treppenturm. Gleich daneben steht der gotische Dom, mächtig wirkt er von außen, doch innen ist er schmal, fast zierlich. Das Altarbild stammt aus der Werkstatt Lucas Cranachs, das Kreuz und die Altarleuchter schuf Johann Joachim Kändler aus Meissener Porzellan.

Meissen, the cradle of Saxony, is famous for its medieval townscape, its exquisite porcelain creations and the wine-growing country of the Elbe valley. The houses in the old town appear to be climbing up the castle hill. Albrechtsburg Castle towers up on top, a late-Gothic building with an imposing facade and beautifully executed stair turret. The Gothic cathedral is right next to it; from the outside it looks massive, but inside it is narrow, almost graceful. The altarpiece was created by Lucas Cranach, the cross and the altar candelabra by J. Kändler in Meissen porcelain.

Meissen, berceau de la Saxe, est marquée par la physionomie de la ville moyenâgeuse, les créations de porcelaine les plus délicates et le paysage viticole de la vallée de l'Elbe. La vieille ville semble s'accrocher à la colline. En haut trône le château d'Albrechtsburg, bâtiment du gothique flamboyant, avec un tour d'escalier. Juste à côté, se dresse le dôme gothique imposant de l'extérieur, son intérieur est étroit, presque menu. L'autel provient de l'atelier de Lucas Cranach, la croix et le lustre de l'autel furent créés par Johann Joachim Kändler en porcelaine de Meissen.

Nur zwölf Kilometer von der sächsischen Landeshauptstadt entfernt liegt Moritzburg, das herrliche Jagdschloß August des Starken. Die barocke Vierturmanlage mit Balustraden und Terrassen ist auf einem Grundriß in H-Form absolut symmetrisch angelegt. Eindrucksvoll spiegelt sich das Schloß in dem Teich, der das Gebäude rundherum umgibt. Vier Prunksäle birgt der Bau sowie eine Schloßkapelle mit kostbarer Kreuzigungsgruppe aus Meißener Porzellan. Der französische Park lädt ebenso wie die Seen- und Waldlandschaft in unmittelbarer Umgebung zu ausgedehnten Spaziergängen ein.

Hiermit sind wir am Ende unserer Sachsen-Rundreise angelangt. Es sollte ein repräsentativer Querschnitt von Sachsen gezeigt werden, wobei nicht alle Kostbarkeiten des Landes gezeigt werden können. Doch die Bilder und Beschreibungen in diesem Band vermitteln einen guten Gesamteindruck.

Christiane Gräfin von Brühl

Moritzburg, the glorious hunting castle of August the Strong, is only 12 kilometres from the Saxon capital. The baroque edifice with its four towers, balustrades and terraces is completely symmetrical on its H-shaped ground plan. The reflection of the castle in the water that surrounds it on all sides is very striking. The building has four state-rooms and a chapel with a precious crucifixion group in Meissen porcelain. The French-style park and the wooded countryside with lakes in the immediate vicinity are ideal for extensive walks.

We have arrived at the end of our Saxon tour. It was intended to show a representative cross-section of Saxony; although it was impossible to show and describe all Saxony's many treasures, the pictures speak volumes and give a good overall impression of what Saxony holds in store.

A 12 km de la capitale de la Saxe, s'élève Moritzburg, ce merveilleux château de chasse de Auguste le Fort. Le bâtiment baroque, avec ses quatre tours d'angle, ses ballustrades et terrasses, présente une symétrie absolue et un plan en H. Il se reflète, imposant, dans le lac qui entoure la bâtisse. Cette construction abrite quatre salles d'apparât ainsi qu'une chapelle avec une crucifixion en porcelaine de Meissen. Le parc français et le vaste paysage de lacs et de forêts des environs invitent à de longues promenades.

Nous voici parvenus au terme de notre tour de Saxe. Destiné à donner un aperçu représentatif de la Saxe, sans prétendre pouvoir montrer ou décrire tous les trésors de cette région. Mais les illustrations n'en disent-elles pas assez long et ne transmettent-elles pas une bonne impression générale?

ZIETHEN-PANORAMA VERLAG
D-53902 Bad Münstereifel · Flurweg 15
Telefon: (0 22 53) 60 47 · Fax: (0 22 53) 67 56
www.ziethen-panoramaverlag.de

7. Auflage

Redaktion und Gestaltung: Horst Ziethen
Bildseitentext: Christine Gräfin von Brühl
Einleitungstext: Spiegel-Magazin
Englische Übersetzung: John Stevens
Französische Übersetzung: Kurt Wittkowski

Druck, Satz und Lithographie:
ZIETHEN-Farbdruckmedien GmbH
www.ziethen.de

Bindearbeit: Leipziger Großbuchbinderei, Leipzig

Printed in Germany

ISBN 3-929932-66-0

BILDNACHWEIS / TABLE OF ILLUSTRATIONS / TABLE DES ILLUSTRATIONS

	Seiten:
Fridmar Damm	Titel, 7, 9, 10, 11, 14, 15, 19, 21, 23 o., 24, 26, 27, 28, 30, 33, 36, 38, 41, 49, 51, 53, 54, 55, 59, 62, 63, 65, 66, 67, 68, 71
DLB – Deutsche Luftbild	12/13, 17, 18, 20, 25, 39, 50, 57, 70, 72
Punctum, Leipzig	8, 16, 40, 42, 43, 45, 47, Rücktitel
Punctum/Krammisch	29, 35, 51, 53, 56, 61, 69
Fotoagentur Helga Lade	37, 46 (2x), 56
Udo Pellmann	22, 58
Bildarchiv Huber	23
Punctum/P. Franke	30
Manfred Lohse	31
Thomas Harbig	32
Jürgens Ost- u. Europa-Foto	34
Bildarchiv Laif	48
Xeniel-Dia	52
archivberlin	60
Fotoatelier Wünsche	64
Horst Ziethen	44

Karten-Nachweis

Aktuelle Panorama-Karte: Ausschnitt aus der Berann-Deutschland-Panorama-Karte, erschienen im © Mairs Geographischer Verlag

Historische Nachsatzseite: Archiv Ziethen-Panorama-Verlag

SACHSEN
UND
BENACHBARTE LÆNDER.
GOTHA bei Justus Perthes 1855.
Maasstab von 10 geogr. Meilen
1 2 3 4 5 6 7 8 9
zum Reg.-Bez. Frankfurt
Leipzig
Dresden
Chemnitz
Freyberg
Meissen
Halle
Merseburg
Weissenfels
Naumburg
Altenburg
Glauchau
Zwickau
Plauen
Oelsnitz
Annaberg
Marienberg
Pirna
Bautzen
Zittau
Löbau
Kamenz
Grossenhayn
Oschatz
Wurzen
Grimma
Döbeln
Rochlitz
Waldheim
Mittweida
Torgau
Eilenburg
Delitzsch
Bitterfeld
Düben
Herzberg
Liebenwerda
Elsterwerda
Mühlberg
Strehla
Riesa
Lützen
Pegau
Zeitz
Gera
Greiz
Reichenbach
Schneeberg
Eibenstock
Teplitz
Aussig
Leitmeritz
Theresienstadt
Komotau
Brüx
Bilin
Saaz
Karlsbad
Eger
Franzensbad
Elbogen
Falkenau
Asch
Hof
Postelberg
Laun
Libochowitz
Raudnitz
Budyn (nach Prag)
Böhm. Leipza
Rumburg
Schluckenau
Georgenthal
Neustadt
Stolpen
Radeberg
Königsbrück
Pulsnitz
Elster
Hoierswerda
Senftenberg
Ruhland
Finsterwalde
Dobrilugk
Kirchhain
Schlieben
Jessnitz
Raguhn
Gräfenhaynichen
Prettin
Schmiedeberg
Dommitzsch
Belgern
Schildau
Taucha
Dahlen
Mutschen
Leisnig
Colditz
Borna
Frohburg
Penig
Hainichen
Nossen
Wilsdruf
Tharandt
Dippoldiswalde
Glashütte
Liebstadt
Gottleube
Königstein
Schandau
Weissenberg
Reichenbach
Rothenburg
Mittel Gebirge
Erz Gebirge
Ober Lausitz
Geising
Kraupen
Dux
Lowositz
Trebnitz
Kaaden
Joachimsthal
Schlackenwerth
Tuppau
Buchau
Luditz
Petschau
Schlaggenwald
Schönfeld
Lauterbach
Königsberg
Königswart
Einsiedel
Sandau
Kralowitz
Wunsiedel
Waldsass
Redwitz
Kössein
Adorf
Auerbach
Falkenstein
Treuen
Werdau
Crimmitschau
Waldenburg
Lunzenau
Burgstädt
Öderan
Zschopau
Wolkenstein
Lengefeld
Sayda
Frauenstein
Brand
Siebenlehn
Lommatzsch
Mügeln
Naunhof
Trebsen
Zwenkau
Rötha
Lausigk
Geithain
Kohren
Eisenberg
Teuchern
Osterfeld
Weida
Auma
Schleiz
Lobenstein
Mühltroff
Neustadt
Tanna
Hirschberg
Schöneck
Markneukirchen
Bärenstein
Jöhstadt
Sebastiansberg
Presnitz
Weipert
Gottesgab
Platten
Neudek
Graslitz
Rossbach
Schönbach